Felice Artuso

Dalla Sofferenza alla Gloria

Felice Artuso

Dalla Sofferenza alla Gloria

Edizioni Sant'Antonio

Imprint
Any brand names and product names mentioned in this book are subject to trademark, brand or patent protection and are trademarks or registered trademarks of their respective holders. The use of brand names, product names, common names, trade names, product descriptions etc. even without a particular marking in this work is in no way to be construed to mean that such names may be regarded as unrestricted in respect of trademark and brand protection legislation and could thus be used by anyone.

Cover image: www.ingimage.com

Publisher:
Edizioni Accademiche Italiane
is a trademark of
International Book Market Service Ltd., member of OmniScriptum Publishing Group
17 Meldrum Street, Beau Bassin 71504, Mauritius

Printed at: see last page
ISBN: 978-620-2-00003-1

CULTO E DEVOZIONI ALLA PASSIONE

Il Segno di Croce

Il tempo determina il nostro sviluppo e il nostro mutamento fisico. Ci trasforma senza interruzione. Ci induce inevitabilmente a dare un significato e un'impronta alla nostra vita quotidiana. Gli antichi usavano contrassegnare con un ferro rovente o con un tatuaggio le loro proprietà, per poterle riconoscere facilmente. Marchiavano gli oggetti casalinghi, gli animali domestici, i soldati, gli schiavi, i fuggitivi e i delinquenti più insidiosi. (Il papa, Callisto I, portava il segno di schiavo fuggitivo). Talora v'incidevano il loro nome oppure quello del sovrano locale, della divinità venerata o anche del clan d'appartenenza. Nelle grotte tracciavano croci di varie dimensioni, senza attribuirvi un significato religioso. Nel periodo del dominio faraonico i cananei e i fenici attribuivano al tau, segno simile a quello della croce, un senso di vita, di protezione, di sicurezza e d'equilibrio sulle forze dell'universo. Ponevano il tau sul corpo delle divinità, degli schiavi e delle bestie. Segnavano parimenti con il tau gli strumenti di lavoro, i monumenti, i templi, gli insediamenti urbani, le monete e gli oggetti domestici. Oggi alcuni giovani si fanno incidere sulla loro pelle figure, disegni e parole. Adottano una moda bizzarra, per attirare l'attenzione su se stessi, ricevere qualche compiacimento, togliere le loro crisi interiori e distaccarsi dagli ordinari stili di vita.

Gli antichi immaginavano che le divinità approvassero la schiavizzazione e l'imposizione dei lavori forzati. Il Dio vivente non tollera le ripugnanti oppressioni dei potenti regimi. Nei suoi interventi cambia le tradizionali credenze, che garantivano le disuguaglianze e fomentavano le afflizioni. Pone un segno d'identificazione sulla cute di Caino, perché nessuno infierisca contro di lui e lo uccida (Gn 4,26). Prescrive agli ebrei di riposare, di gioire e di festeggiare ogni sabato (Es 20,8). Ordina a Mosè che il popolo d'Israele segni con il sangue dell'agnello immolato l'architrave e gli stipiti delle porte di casa, perché l'angelo distruttore, vedendo il segno, passi oltre (Es 12,21-23). Dispone che nei momenti di preghiera ogni ebreo si leghi una teca sulla fronte, per imprimere nella sua mente gli eventi salvifici dell'Esodo, culminati con il dono della Legge[1]. Manda un cherubino a tracciare un tau sulla fronte di quelli che osservano l'alleanza sinaitica, perché siano riconosciuti e preservati da un'imminente strage (Ez 9,4).

Gli apostoli formano una comunità, che ha la riscontrabile impronta, datale da Gesù (At 2,42-33). Marchiano probabilmente con un tau la fronte dei battezzati. Ricorrono all’uso di questo simbolo, per indicare che Dio li libera dalle insidie maligne, difende i loro diritti e li conduce alla redenzione eterna[2]. In seguito i vescovi o i presbiteri tracciano con il pollice un piccolo segno di croce sulla fronte dei neofiti. Ricordano a loro che tramite questo rito sono introdotti nell’amore di Gesù Cristo e sono chiamati a seguirlo fedelmente. Accompagnano il semplice gesto rituale con l'affermazione: *il segno della croce,* oppure *il segno di Cristo*. In alcune comunità d’Egitto e d’Etiopia imprimono sulla fronte dei proseliti un’incancellabile croce, quale sigillo di appartenenza, di protezione, di santificazione.

I Padri della Chiesa tracciano un segno di croce sulla fronte dei neofiti e sugli elementi naturali, per dare validità alle celebrazioni sacramentali. Infatti, Agostino d’Ippona spiega in un’omelia: «*Senza questo segno, che si pone sulla fronte dei credenti, che si traccia sull’acqua in cui vengono rigenerati o sull’olio della cresima con cui vengono unti o sul pane del sacrificio con cui vengono nutriti, nessuno di questi riti è valido*»[3].

Ricevuto il tau battesimale, i cristiani proseguono senza imbarazzo la ripetizione dei gesti. Si segnano sulla fronte con il pollice o con l'indice. Nei momenti di preghiera alzano le mani verso il cielo. Ricordano così che Gesù Cristo li ha associati alla sua sofferenza, alla sua morte e alla sua vita divina. Tertulliano, autore del terzo secolo, attesta che i cristiani della sua epoca si tracciano un segno di croce all’inizio e alla fine di ogni intraprendenza quotidiana. Adottando questa prassi, rammentano la crocifissione di Gesù, si mettono totalmente sotto la sua protezione redentrice, conferiscono unità spirituale alle loro molteplici azioni e lottano contro il pericolo del peccato, Tertulliano ci offre, appunto, questa bella informazione: «*Tutte le volte che iniziamo o terminiamo una cosa, tutte le volte che entriamo o usciamo di casa, quando ci vestiamo, ci mettiamo i calzari, andiamo al bagno, ci mettiamo a tavola, accendiamo la lampada, andiamo a letto, ci sediamo, qualsiasi sia l'occupazione alla quale ci accingiamo, facciamo sovente sulla nostra fronte un piccolo segno di croce*»[4].

Ippolito di Roma dà questo consiglio al cristiano, che intende combattere le seduzioni maligne e mantenere ferma la fedeltà al Signore: «*Se sei tentato, segnati devotamente sulla fronte. Difatti, questo segno della passione, noto e sperimentato contro il diavolo se lo fai con la fede, cioè per non farti vedere dagli uomini, ma opponendolo saggiamente come uno scudo. Infatti, l'avversario, vedendo la forza del cuore dell'uomo che manifesta all'esterno la propria somiglianza spirituale con il Cristo, fugge spaventato non dall'uomo, ma dallo spirito che è in lui*»[5].

Alcune testimonianze letterarie ci accertano che i cristiani perseguitati, tracciandosi con fede il segno di croce, si consegnano al Signore, affrontano poi le torture della morte e attendono di passare alla felicità eterna. Infatti, il martire Conone, nativo di Nazaret, prima di essere ucciso in Panfilia, si fa il segno della croce, si abbandona quindi alla morte e rende il suo spirito a Dio, custode della vita[6]. Secondo Basilio di Cesarea il martire Gordio si segna davanti al giudice, s'incammina poi verso il luogo dell'esecuzione mortale: «*Dopo aver detto ciò ed essersi segnato con il segno della Croce, si avviava al supplizio senza trepidi scoloramenti in viso, né alterazione alcuna della gioia che pervadeva tutta la sua persona. Era nello stato d'animo, infatti, non di chi va incontro al carnefice bensì di chi sta per consegnarsi nelle mani degli angeli, che lo portino, appena ucciso, alla vita beata, come Lazzaro*»[7].

Nel quarto secolo la pratica di segnarsi è universalmente diffusa nei cristiani, che sperimentano la grande bontà e il potente soccorso di Dio. Ne abbiamo qualche sufficiente testimonianza. San Girolamo consiglia la giovane Eustacchio di mantenere gli stabiliti orari di preghiera e le aggiunge questa norma: «*Ad ogni azione e ogni volta che ti metti per strada, fatti il segno della croce*»[8]. San Cirillo di Gerusalemme in una catechesi esorta il popolo: «*Non dobbiamo vergognarci di confessare il Crocifisso! Le nostre dita traccino coraggiosamente il segno di croce sulla fronte e su tutte le cose*: *quando mangiamo un pane e prendiamo bevanda, entrando e uscendo, prima del sonno e mentre siamo coricati e quando ci alziamo, camminando e riposando*»[9]. In un'omelia sul vangelo di Giovanni sant'Agostino comunica ai fedeli: «*La carità vostra presti attenzione, e cerchi di comprendere. Se ad un catecumeno domandiamo*: *Credi in Cristo? Io credo, risponderà, e si farà il segno della croce*; *egli porta già sulla fronte la croce di Cristo e non si vergogna della croce del suo Signore. Dunque ha creduto nel nome di lui*»[10]. In un'altra omelia avverte i convocati all'assemblea eucaristica: «*Se ti comporti male, ti illudi di avere Cristo oggi perché entri in chiesa, ti fai il segno della croce, sei battezzato col battesimo di Cristo, ti mescoli alle membra di Cristo, ti accosti all'altare di Cristo*: *al presente hai Cristo, ma, vivendo male, non lo avrai sempre*»[11]. Raccomanda anche di capire che il segno di croce esige responsabilità, perché conforma a Gesù Cristo: «*Noi portiamo in fronte il segno della croce. Chi lo comprende? Dico così, fratelli, perché molti se lo fanno ma non vogliono capirlo. Dio cerca uno che responsabilmente compia i suoi segni, non un simulatore. Se sulla fronte porti il segno dell'umiliazione di Cristo, porta nel cuore l'imitazione dell'umiltà di Cristo*»[12].

Nel corso dei secoli i cristiani ferventi conservano inalterata la consuetudine di tracciarsi un segno di croce a ogni azione privata e pubblica, all'inizio e al termine della preghiera quotidiana. Segnandosi con normale semplicità e senza subdole intenzioni, mantengono un'esatta visione sull'indicibile trascendenza di Dio, alimentano l'attesa di incontrarlo, di vederlo, di contemplarlo e di godere la definitiva completezza creaturale. Si concentrano specialmente su Gesù, che non ha più l'aspetto dolorante del Venerdì Santo, ma quello di potente intercessore, guaritore e perfezionatore. Convinti dei propri limiti, si abbandonano a lui e si preparano a entrare nell'inesauribile beatitudine della Santissima Trinità.

In particolare i genitori educano i loro figli a credere in Gesù, Dio e uomo, su cui si basa il dono della salvezza eterna. Inoltre, abituano i figli a segnarsi spesso con il modesto segno della croce. Possono così lottare contro le illusioni maligne, smorzare le caotiche suggestioni mondane, sconfiggere gli offuscamenti dell'orgoglio, crescere nella pratica delle virtù teologali, rispettare la bellezza delle creature, conferire piena armonia alla vita quotidiana, mettere Dio al centro delle proprie scelte e affidarsi a lui, che mediante il suo Spirito ricreatore ascolta e non si stanca di soccorrere quelli che lo invocano.

Il piccolo e il grande segno di croce

Il piccolo segno di croce, eseguito con il pollice, risale all'epoca apostolica, mentre quello ampio è più tardivo, fatto appunto con la mano diretta sulla fronte, sul petto e sulle spalle. I cristiani dei primi secoli si tracciavano abitualmente un piccolo segno di croce sulla fronte, sulle labbra e sul petto. Il vescovo Gaudenzio di Brescia, deceduto verso il 411, asserisce in un discorso: «*Sia presente la parola di Dio e il segno di Cristo sul cuore, sulla bocca, sulla fronte, quando si mangia, quando si beve, quando si parla, quando ci si lava, quando si riposa, quando si entra, quando si esce, quando si è lieti, quando si è tristi…*»[13].

I cristiani continuano a fare un piccolo segno di croce nelle celebrazioni dei sacramenti, nei riti sacramentali e negli esorcismi. Infatti, nel conferimento del Battessimo il ministro segna sulla fronte e sulle labbra il neofito. Nell'amministrazione della Cresima traccia un altro piccolo segno di croce sulla fronte del battezzato. Assieme ai presenti nella liturgia eucaristica, prima della proclamazione del Vangelo, esegue con il pollice un piccolo segno di croce sulla fronte, sulle labbra e sul petto. Segnandosi sulla fronte, esprime il desiderio che il Signore lo illumini con la Parola, che sta per annunciare. Ripetendo lo stesso gesto sulle labbra, si dispone ad accogliere il messaggio evangelico. Tracciando il segno sul petto, intende interiorizzare e custodire il Vangelo.

Nell'Unzione degli Infermi il presbitero segna il malato sulla fronte e sulle mani. Accompagna il gesto, proferendo la formula sacramentale. Nella Riconciliazione traccia davanti al penitente un segno di croce e dichiara l'assoluzione dei peccati. Passiamo all'uso del piccolo segno di croce nei sacramentali. Il vescovo consacra l'olio, le chiese e altre cose, tracciando un segno di croce. Il presbitero o il diacono esegue lo stesso segno, quando benedice le persone, i cibi, le case, gli strumenti di lavoro, le campagne e gli animali. Nella preparazione al Battesimo traccia un piccolo segno di croce sui sensi dei catecumeni. Citiamo quest'esauriente spiegazione. «*Nel Rito di ammissione al catecumenato i canditati ricevono il segno della croce sulla fronte e sui sensi: la croce è segno della loro nuova condizione; Cristo stesso li protegge con questo segno del suo amore e della sua vittoria. Il segno della croce sugli orecchi, per ascoltare la voce del Signore; sugli occhi per vedere lo splendore del volto di Dio; sulla bocca, per rispondere alla parola di Dio; sul petto, perché Cristo abiti per mezzo della loro fede nei loro cuori; sulle spalle, per sostenere il giogo soave di Cristo*»[14].

Negli esorcismi il presbitero compie sul presunto ossesso tre piccoli segni di croce e recita questa formula: «*Vattene, Satana, nel nome del Padre e del Figlio e dello Spirito Santo; vattene per la forza della fede e della preghiera della Chiesa; vattene per la forza del segno della santa croce di Gesù Cristo nostro Signore che vive e regna nei secoli dei secoli. Amen*»[15].

Il grande segno di croce, che condiste sul portare la mano alla fronte, al petto e alle spalle, non ha un'origine apostolica, né esistono documenti letterari che permettano di stabilirne una data d'inizio. Per dare una risposta alle prime controversie cristologiche, i cristiani d'Oriente si segnano, congiungendo il pollice e l'indice. Mediante questo gesto dimostrano la loro fede nell'unione inscindibile della natura umana e divina di Gesù. Per testimoniare la loro fede nell'unità e trinità di Dio introducono in seguito un triplice segno di croce con le tre dita congiunte: il pollice, l'indice e il medio. Questa prassi diviene una norma generale e permanente nella Chiesa d'Oriente. Rimane tuttora in vigore presso le comunità ortodosse e possiamo facilmente riscontrarlo.

Pare che i monaci occidentali abbiano usato l'ampio segno della croce orientale. Infatti, nel secolo XI appaiono le prime testimonianze scritte. Nella cattedrale di Modena un bassorilievo del secolo XII mostra alcuni cristiani, che si segnano con le tre dita congiunte, mentre un ministro li asperge con l'acqua benedetta. Il papa Innocenzo III (+ 1216) nel trattato sul sacro mistero dell'altare conferma questo modo di segnarsi nei riti liturgici. Nel secolo XIII decade la consuetudine della Chiesa latina di unire le tre dita. I cristiani v'inseriscono qualche modifica. Cominciano a segnarsi con la mano aperta e invertono il movimento del braccio da sinistra a destra, dalla sventura alla buona sorte. Procedendo in questa direzione, indicano che Gesù passa dall'umiliazione della croce alla gloria celeste. Nel rito latino del XVI si stabilizza definitivamente questo movimento dell'ampio segno di croce.

I significati del segno della croce

Il segno della croce ha diversi significati di cui abbiamo accennato. Esso educa a credere nell'unità di Dio, di pensarlo al plurale e di riconoscere la nostra comune appartenenza a lui, che è Padre, Figlio e Spirito. Infatti, elevando la mano sulla fronte, ci sottomettiamo al Padre, che ci ama e sta fermamente a nostra disposizione. Ci disponiamo quindi ad accogliere la sua salutare volontà. Abbassando la mano sul petto, centro della vita, ci apriamo al Figlio, che ha assunto la nostra natura umana, perdona i nostri peccati e ci dona la grazia santificante. Dirigendo la mano da spalla a spalla, ci lasciamo illuminare dello Spirito Santo, che ci avvolge con il suo amore, ci illumina la mente, ci trasforma nell'intimo e ci conserva uniti a Dio. Accompagniamo il segno della croce, dicendo: *Nel nome del Padre, del Figlio e dello Spirito Santo*. Ripetendo ogni giorno questa formula, professiamo la nostra fede nell'unità e nell'uguaglianza delle tre persone divine; ricordiamo la nostra dignità battesimale, ci impegniamo a conservarla integra, partecipano attivamente alle sofferenze di Gesù Cristo, ci proponiamo di vivere, corpo e anima, intelletto e affetto, in piena comunione d'amore con la Santissima Trinità e con tutti i membri della Chiesa. Chiudiamo il segno di croce con un a*men, ossia* confermiamo il senso liberante e impegnativo del nostro gesto. Dimostriamo che esso evoca il trionfo di Dio sul male; realizza in noi gli effetti della redenzione; ci invita a perseverare nella fede pasquale e ci sollecita a combattere le seduzioni mondane, le tentazioni diaboliche e le trasgressioni peccaminose.

I Padri della Chiesa raccomandano ai fedeli di tracciarsi il segno della croce. Asseriscono che occorre compierlo, per rammentare le ingiustizie umane, opporsi agli ingenui ottimismi, penetrare nei drammi esistenziali, liberare i numerosi infelici, allontanarli dalle idolatrie, affidarli alla potenza salvifica di Dio e rendere ragione della propria speranza. Assicurano che chi lo esegue con fede, vince qualsiasi tentazione, si apre al dono della grazia santificante, rafforza il suo rapporto con Dio e diventa capace di beneficare qualsiasi persona. Evochiamo qualche espressione dei Padri. San Giovanni Crisostomo dichiara nelle catechesi battesimali: «*La croce possiede l'efficacia di un mirabile amuleto e di un grandissimo scongiuro e beata l'anima che pronunzia il nome di Gesù Cristo crocifisso*: *invocalo ed ogni malattia fuggirà, ogni subdolo piano satanico ti lascerà*»[16]. San Leone Magno asserisce in un discorso sulla passione del Signore: «*La croce è fonte di ogni benedizione*; *è causa di tutte le grazie*; *per essa è donata ai credenti la forza invece della debolezza, la gloria invece dell'obbrobrio, la vita in cambio della morte*»[17]. San Gregorio Magno scrive che alcuni monaci offersero a san Benedetto una bevanda avvelenata; egli tracciò un segno di croce sul recipiente ed esso si frantumò[18]. Attenendosi alla consolidata prassi del monachesimo orientale, Benedetto scacciò il tentatore con un segno della croce[19]; diede inoltre questo consiglio ad un monaco, dilaniato dalla superbia: «*Fatti un segno di croce sul cuore, fratello*! *Che vai ruminando nella mente*? *fatti un segno di croce*»[20].

I monaci, i teologi, i mistici e i santi confermano l'insegnamento dei Padri della Chiesa. Compiendo con fede il segno della croce, costatano che il Signore dona a loro delle grazie, li libera dal male, li conserva nella salute e in qualche eccezione guarisce anche gli anomali. Ne abbiamo diverse testimonianze nell'agiografia. San Severino, fondatore di alcune comunità monacali a nord est delle Alpi, otteneva delle grazie, eseguendo con fede un segno di croce[21]. San Bernardo riferisce che san Benedetto tracciò un segno di croce, per salvare la vita di una bestiola in pericolo di morte[22]. Santa Lutgarda, mistica cistercense e contemporanea di Bernardo, guarì un ragazzo epilettico con la preghiera d'intercessione e con il segno di croce[23]. San Bonaventura attesta che Francesco d'Assisi benediceva le cose, gli animali, se stesso e le persone con un segno di croce, conseguendo quello che desiderava. «*Nell'eremo di Sant'Urbano. comandò che gli fosse portata dell'acqua che poi benedisse con il segno della croce. Immediatamente si genera dell'ottimo vino su quella che era stata solo acqua»;* parlando agli uccelli, *egli, con ammirevole fervore di spirito, passava in mezzo a loro, li toccava con la tonaca, ma nessuno di loro si mosse da quel posto, finché, dopo che il santo tracciò il segno di croce, e diede loro il permesso, tutti insieme volarono via con la benedizione dell'uomo di Dio*»; «*Dopo aver tracciato su di lui* (Gedeone) *il segno di croce, immediatamente, colui che aveva giaciuto rattrappito si alzò risanato e, prorompendo nelle lodi di Dio, disse: Sono risanato*»[24].

Tommaso da Celano scrive che santa Chiara, quando faceva un segno di croce sugli ammalati, comunicava a loro l'amore compassionevole di Gesù, che li liberava dagli squilibri psichici e li guariva dalle malattie fisiche[25].

Eletta a percorre la via della salvezza, sant'Angela da Foligno osserva che, tracciando lentamente il segno della croce, avverte in se stessa la presenza amorosa di Dio, che l'aiuta a confidare in lui e le suggerisce di dirgli: si adempia in me la tua volontà di misericordia, di giustizia e di santa: «*Se faccio il segno della croce alla svelta, senza posare la mano sul cuore, non sento nulla; ma se con la mano sfioro il capo dicendo "Nel nome del Padre", e poi la paggio sul cuore dicendo "e del Figlio" allora all'improvviso sento qui un amore e una consolazione, e mi sembra che colui che nomino si trovi lì*»[26]. San Rocco imita Cristo sofferente e cura ogni giorno gli appestati, ricorrendo ai visibili elementi della fede. Allevia i loro intensi dolori, implorando a voce alta l'intervento benefico del Signore e tracciando un segno di croce sulla loro fronte[27].

Chiamata a chiudersi in un convento e dedicarsi totalmente al Signore, santa Faustina Kowalska si libera da una sconvolgente visione d'insidiosi demoni, tracciandosi con il pensiero un segno di croce. Lei stessa lo attesta nel suo diario: «*Quando ho guardato, ho visto molti brutti ceffi, ma appena ho fatto col pensiero il segno della croce, sono spariti tutti immediatamente. Quanto è orribilmente brutto satana*!»[28].

Frazionatisi nel corso degli anni, i protestanti non convergono sui dogmi della fede, sulle secolari norme liturgiche e sulla tradizionale prassi di tracciarsi un segno di croce. I calvinisti, riformatori più radicali dei luterani, hanno abolito questo segno, ritenendolo un gesto antiquato, superfluo e superstizioso. Influenzati dai protestanti, alcuni cattolici trascurano di farsi il segno della croce. Pensano che esso sia inutile e sconveniente. Erede di un cristianesimo deformato, qualche violento si fa invece il segno della croce prima di sparare agli avversari. Per uniformarsi alla prassi comune, altri se lo tracciano frettolosamente nei momenti di una celebrazione liturgica, ma non ne comprendono il significato. Una piccola minoranza si traccia questo segno in modo scaramantico, dando l'impressione di voler esorcizzare un'eventuale sfortuna. Dimostrano di averne perso il forte significato evocativo.

Santa Bernardette Soubirous osservava che nelle apparizioni la Madonna, iniziava la preghiera con un ampio segno della croce. Decise allora di imitarla, ripetendo il suo bel gesto. Nell'agonia della morte, unite le sue ultime energie, si tracciò un grande segno di croce e consegnò la sua anima a Dio.

Santa Teresa di Calcutta raccomandava ai suoi religiosi: «*Faremo il segno di croce accuratamente come un segno di completa appartenenza al Padre, al Figlio e allo Spirito Santo, scelti e messi da parte per la contemplazione e l'amore, sigillati ai poteri della carne, del mondo e del diavolo*»[29].

Il cristianesimo esige una quotidiana attenzione a Gesù come pure una costante rinuncia alle effimere mode culturali e alle momentanee comodità. Non offuschiamo, né eliminiamo il segno della croce, sintesi delle nostre decisioni, delle nostre convinzioni, della nostra identità e dei nostri impegni. Pensiamo al suo meraviglioso significato. Trasformiamo questo bel gesto in una chiara testimonianza di fede, di speranza e di amore. Cominciamo, accompagniamo e chiudiamo la giornata con il segno della croce, trasmessoci dai nostri genitori, parenti e parrocchiani. Tracciamolo, rendendolo più espressivo e più incisivo nella nostra vita quotidiana. Rafforzeremo così la nostra relazione con la SS. Trinità. Conferiremo più stabilità al legame che ci unisce sempre a Dio, ai battezzati e a qualsiasi uomo. Vinceremo le nostre debolezze e durezze interiori. Impareremo ad amare e a confidare maggiormente nella potenza salvifica di Gesù. Ricorderemo agli altri la nostra dignità di figli di Dio e di fratelli di Cristo. Sconfiggeremo le molteplici tentazioni provenienti dal mondo, dalla carne e dal demonio. Otterremo la grazia necessaria al nostro cammino pasquale. Conferiremo un ritmo armonioso alla nostra vita e trasmetteremo a tutti la speranza di accedere alla beatitudine eterna.

Bibl. Principale: M. RIGHETTI, *Storia liturgica* vol. I, Ed. Àncora, Milano 1945, pp. 281-286; E. TESTA, *Il simbolismo dei giudeo cristiani*, tip. Gerusalemme 1962, pp. 354-360; G. GUALA, CAMPELLO, *Il valore della croce*, Descelée, Roma 1930; F. LEVER, *Il volto di Cristo nell'iconografia*, in AaVv, *Annunciare Cristo ai giovani*, Las Roma 1980, pp. 171-177; H. KÜNG, *Essere cristiani*, o. c., pp. 651-658; C. VOGEL, *La signation dans L'Eglise des premiers siècles*, in La Maison - Dieu, 75 (1963), pp. 37-51;

A. M. ROGUETM *Du signe del la croix e de son usage,* in La Maison - Dieu, 75 (1963), pp. 144-150

Memoria della passione del Signore

La memoria della passione del Signore nella preghiera apostolica e patristica

La memoria è un principio attivo, vitale, dinamico, necessario e salutare. Richiama le acquisizioni del passato, favorisce dei giusti discernimenti e permette di compiere delle opportune progettazioni. L'uomo ha bisogno di memorizzare, rievocare, raccontare la sua storia, festeggiare le ricorrenze e unire il presente alle attese future. Associando i fatti lontani e recenti, elabora previsioni, mutamenti e sviluppi. Ogni popolo ricorda gli eventi lieti e tristi, che hanno formato i valori fondamentali della sua storia, delle sue tradizioni e delle sue istituzioni. Se dimenticasse le proprie origini, perderebbe la sua libertà, smarrirebbe la cognizione delle sue caratteristiche, si conformerebbe facilmente alle consuetudini di altri popoli, conoscerebbe la frammentazione, vagherebbe nell'incertezza, non riuscirebbe ad affrontare le disarmonie del presente, ometterebbe di porvi un ordine, si sbriciolerebbe in tante correnti di vedute, commetterebbe atti compromettenti e rischierebbe di annullarsi. Tutti i popoli danno rilevanza alla loro storia, maestra di vita e di saggezza. Tentano di comprendere la propria storia, di assimilarla, conservarla, migliorarla e tramandarla con i mezzi a loro disposizione: ammaestramenti verbali, scuole, conferenze e scritti. Smuovono così le indifferenze, tolgono i lunghi oblii e svolgono un servizio di consapevolizzazione sui primari fondamenti della propria cultura.

I libri dell'Antico Testamento descrivono e interpretano le maggiori vicende del popolo d'Israele. Educano i giovani a conoscere la loro storia, a valutare la situazione presente e a collegarla al cambiamento, che Dio ha promesso di apportarvi. Insegnano che Dio ha liberato i suoi eletti dall'affliggente schiavitù egiziana, li ha soccorsi nel cammino dell'esodo, li ha introdotti nella terra promessa e continua ad accompagnarli negli eventi quotidiani (Es 10,2; 12,42). Nei riti familiari, nelle assemblee liturgiche del sabato e delle solennità annuali al Tempio di Gerusalemme il popolo d'Israele sospende l'attività lavorativa, si presenta a Dio e gli espone gli episodi più considerevoli del suo passato (Lv 32,1ss). Rivive e passa in rassegna i complessi eventi sacri, che gli hanno procurato unità, libertà, prosperità, speranza, santificazione e letizia. Racconta a Dio di aver sperimentato situazioni enigmatiche, incresciose ribellioni e aspirazioni di rinnovamento. Lo loda e lo ringrazia per i suoi straordinari interventi, le sue epifanie, le sue alleanze e le sue promesse (Is 12,1-6).

Nell'annuale ricorrenza pasquale e nella celebrazione dei giubilei commemora solennemente il lungo cammino che ha compito nel deserto. Ritorna mentalmente sul luogo della tentazione, contestazione, diffamazione, rivelazione, affrancamento, apprendimento e mutamento gratificante (Es 12,1-14).

Nella quotidiana professione di fede il popolo d'Israele s'impegna ad amare Dio con tutte le sue facoltà, a introdurlo dentro di sé e a darne viva testimonianza (Dt 6,4-7). Nel momento delle offerte agricole al Tempio recita questa formula, che riassume la sua storia dall'inizio dell'elezione all'oggi: «*Mio padre era un Arameo errante; scese in Egitto, vi stette come un forestiero con poca gente e vi diventò una nazione grande, forte e numerosa*» (Dt 26,5).

Redige altre preghiere, che collegano il passato, il presente e il futuro: la creazione universale, l'elezione a popolo prediletto, la liberazione dalla schiavitù egiziana, l'insediamento nella terra promessa, l'esigenza di fraternizzare con tutti, l'invio a testimoniare le caratteristiche della sua identità e l'attesa del riposo eterno. Eleva a Dio i canti di lode e di ringraziamento all'aurora, a mezzogiorno e al tramonto (Sal 119,164; 55,18; Dn 6,11). Ha un suo rappresentante che nel Tempio canta o recita dei salmi nelle ore notturne (Sal 119,62). Reputa che la preghiera quotidiana distoglie dalla tentazione di abbandonare Dio e rafforza la piena fiducia in lui, autore di ogni dono. Equipara la preghiera ai sacrifici di comunione, che nel Tempio si offrono a Dio. Apprende che egli non gradisce la ritualità, ma la condotta amorosa, affettuosa e misericordiosa (Mi 6,8). Attribuisce all'olocausto mattutino e vespertino il valore più altro del culto (Sal 5,4; 4,5-6). Si associa pertanto quest'azione rituale, che i sacerdoti compiono nel Tempio di Gerusalemme (Es 29,38-39; Sal 141,2; Sir 50,20).

I farisei aggiungono all'ordinaria preghiera la benedizione sul cibo. Prima e dopo il pasto benedicono Dio per questo dono, indispensabile alla continuità della vita. Inseriscono poi diciotto benedizioni al termine della comune salmodia mattutina e pomeridiana e le ripetono tuttora.

Gesù condivide i tempi di preghiera e le norme liturgiche del suo popolo. Salmeggia abitualmente all'alzata mattutina, a mezzogiorno, a sera e talvolta anche durante la notte. In privato e nei raduni comunitari canta con riconoscenza, gioia e fiducia i salmi. Prima e dopo i pasti benedice Dio per i doni della terra e del cibo. Nelle preghiere personali ascolta, adora, loda e invoca il Padre celeste. Risponde alle sue giuste attese e intercede per l'umanità, bisognosa di continua misericordia. Insegna ripetutamente ai suoi discepoli che occorre pregarlo con fide, per essere da lui illuminati e giustificati (Lc 18,1-8). Nell'istituzione eucaristica attesta che il dono del suo corpo e del suo sangue rinnova l'alleanza divina, le conferisce un valore definitivo e comanda agli apostoli di perpetuarne la memoria: «*Fate questo in ricordo di me*» (Lc 22,19). Sul Calvario sigilla la nuova alleanza, effondendo tutto il suo sangue. Immola se stesso al Padre e lo glorifica, perché tutti gli uomini lo conoscano. Lascia alla Chiesa un autentico esempio di offerta e di abbandono a Dio, creatore e santificatore.

Gli apostoli e i primi cristiani partecipano alla liturgia del Tempio e della sinagoga. Qui ricordano le grandi opere di Dio e gli offrono il pubblico sacrificio della lode (At 2, 46; Eb 13,15). Infatti, si distaccano dalle inclinazioni egoistiche, eliminano quello che li separa da Dio, esprimono a lui la loro riconoscenza per i suoi doni, gli promettono di servire con letizia i fratelli e attendono di passare un giorno alle dolcezze eterne.

Santificano particolarmente il giorno e la notte, evocando l'esodo pasquale di Gesù, fonte di perenne soddisfazione e garanzia di salvezza (At 10,9; 16,25). Non avendo ancora dei luoghi destinati al nuovo culto comunitario, nel primo giorno della settimana (la domenica) si radunano nelle grotte come anche nelle case private, dove celebrano l'Eucarestia. Prolungano così la lode al Padre, che in Gesù e nella potenza dello Spirito li raggiunge e perdona i loro peccati. Lo ringraziano specialmente, perché egli dona a loro Gesù, vittima pura e santa. Nell'azione di grazie glielo restituiscono, convinti di compiere un'opera gradita a lui. Tra l'altro uniscono alla loro offerta le sofferenze personali e quelle degli oppressi dalle pratiche superstiziose, dalle ingiustizie umane e dagli inganni dei cattivi maestri. Inoltre aiutano i cristiani a memorizzare il bene, ricevuto da Dio, a intercedere per ogni bisognoso, a condividere i loro averi con gli altri e a respingere le seduzioni del male (At 2,42-45; 1 Cor 11,21). Amministrano anche i sacramenti dell'iniziazione a quelli che hanno una sufficiente preparazione per riceverli. Esortano poi i neofiti a perseverare nella fede in Gesù, condizione indispensabile, per vivere nella libertà e nella gioia della figliolanza divina.

Allenato nell'orazione personale e comunitaria, l'apostolo Paolo esorta i cristiani a pregare sempre con salmi, inni e cantici spirituali, per essere più pronti a testimoniare la loro fede. Scrive: «*Siate incessantemente nella preghiera: in ogni circostanza rendete grazie*» (1 Ts 5,17); «*Siate in preghiera in ogni tempo*» (Ef 6,8). «*Chiunque invocherà il nome del Signore sarà salvato*» (Rm 10,13). «*Siate perseveranti nella preghiera*» (Rm 12,12).

Nel secolo II i cristiani di origine giudaica collegano i tempi della preghiera salmodica agli eventi di Signore. Incominciano a organizzare l'anno liturgico, concentrandolo sulle varie tappe della vita di Gesù e del suo passaggio pasquale. Senza alcuna difficoltà riconoscono che ogni celebrazione liturgica è il memoriale della sua passione, morte e risurrezione. Curano la liturgia delle Ore, per vincere le tentazioni del mondo, intrecciare un dialogo amoroso con il Risorto, lavorare con migliore impegno e conservarsi ben inseriti nella loro storia.

Secondo il libro della Didaché (8,2-3) osservano i tempi liturgici degli olocausti ebraici e li pongono in stretta relazione con la creazione, con l'evento pasquale, con la celebrazione eucaristica e con l'attività umana. All'alba, prima di iniziare il lavoro quotidiano, celebrano le Lodi, in cui ricordano la gloriosa risurrezione di Gesù. Pregano con gioia lui, aurora di un mondo nuovo, perché li aiuti a trascorrere onestamente la giornata e spezzare le catene del male. Al tramonto del sole interrompono il lavoro e celebrano i Vesperi, in cui evocano la morte e sepoltura di Gesù.

I cristiani praticano anche le Ore minori di Terza, Sesta e Nona. Interrompono brevemente il lavoro e ricordano gli ultimi passaggi della passione di Gesù: la salita al Calvario, la crocifissione, l'agonia sulla croce e la morte. Pregano sempre in piedi e rivolti verso Oriente, dove sorge il sole, segno della gloriosa risurrezione del Signore, della voglia di vivere e della nostra chiamata alla vita celeste. Suddividono il tempo, determinando i ritmi del lavoro e del riposo, della fatica e del dialogo ricreativo, della stressante attività e del ripristino delle energie, del passaggio dalle tenebre alla luce.

Trasmettendo la prassi liturgica della comunità romana, Ippolito dà un'indicazione oraria per la preghiera privata e la riferisce ai momenti principali della passione redentrice del Signore. Attesta che occorre osservare questa formale consuetudine sull'impiego del tempo: «*All'ora terza, se sei a casa tua, prega e loda Dio; se, in questo preciso momento, sei altrove, prega Dio nel tuo cuore. A tale ora difatti il Cristo fu inchiodato sulla croce... Ugualmente prega all'ora sesta, perché, quando il Cristo fu inchiodato sul legno della croce, il giorno fu interrotto e si ebbe una grande oscurità. Pertanto a quell'ora si faccia una preghiera vigorosa, imitando la voce di Colui che pregò e ricoprì di tenebre l'intero creato... Alla nona ora si preghi e si lodi a lungo Dio. A quell'ora il Cristo fu colpito nel costato ed effuse sangue ed acqua e rischiarò il resto del giorno fino a sera*»[30].

I monaci dei primi secoli conservano la prassi apostolica dell'assidua lettura della Sacra Scrittura, della continua preghiera e della frequente meditazione. Senza aspettarsi brillanti risultati, si adeguano alla disposizione oraria, menzionata da Ippolito e collegano ogni loro azione al sacrificio eucaristico. Durante la giornata si presentano più volte al Signore, loro sposo, libratore, unificatore e datore di vita. Per sanare le profonde ferite umane, congiungono la salmodia alla memoria della passione, morte, sepoltura, risurrezione ed esaltazione di Gesù come anche alle difficoltà della Chiesa pellegrinante. Si uniformano a *«quelle che furono le ore canoniche*: *all'ora terza cioè alle nove del mattino, preghiera in onore della preparazione del legno della croce*; *all'ora sesta, cioè a mezzogiorno, salmi, lamentazioni e orazioni in onore di Cristo inchiodato sulla croce*; *all'ora nona, cioè alle tre del pomeriggio, inni e preghiere diverse in onore di Cristo morente sulla croce*; *all'ora dodicesima, cioè alle sei di sera, un ufficio più lungo in onore di Cristo disceso all'inferno*»[31].

I Padri della Chiesa reputano che tramite la preghiera liturgica Gesù prosegue a lodare Dio Padre, a invocarlo e a comunicare grazie agli oranti. Preoccupati di unire la liturgia e la vita ordinaria, esortano i cristiani a percepire l'afflato spirituale di tutti i testi biblici, a volgere il loro sguardo su Gesù e ad ascoltarlo, per programmare la loro condotta e perseverarvi.

I Padri della Chiesa spiegano gli aspetti e le finalità di ogni preghiera. Denunciano gli errori dottrinali sulla rivelazione divina, che qualcuno diffonde. Vietano il porto d'armi e l'introduzione di animali nei luoghi di culto. Chiedono ai cristiani che si adornino di virtù teologiche e morali, necessarie alla preghiera. Raccomandano il canto quotidiano dei salmi, quale mezzo che distacca dalle potenze maligne, apre a Dio, unisce a lui e dispone a servire con amore i fratelli. Organizzano la successione ordinata della liturgia delle Ore, conservando lo stesso riferimento cronologico delle prime comunità cristiane. Mettono in primo piano la celebrazione delle Lodi e dei Vespri, essendo i momenti più adatti per il ricordo degli eventi dolorosi e gloriosi del Signore. Interpretano il giorno e la notte come segni naturali di nascita e di morte. Incensano l'altare, simbolo della presenza del Signore. Scelgono i salmi più adeguati alle Ore canoniche, alle solennità, alle feste, alle domeniche e alle memorie liturgiche dei santi. Inseriscono nella salmodia testi e inni biblici. Compongono nuovi inni di lode e li adattano ai tempi della preghiera e alle ricorrenze festive. Estraggono dai salmi delle brevi antifone e dei responsori, che favoriscono la gioiosa contemplazione dell'evento pasquale. Compongono molteplici invocazioni, corrispondenti alle festività, ai bisogni quotidiani e all'attesa della completa liberazione dal peccato.

I Padri della Chiesa aprono la preghiera liturgica con il segno della croce e con la fiduciosa invocazione: «*O Dio, vieni a salvarmi*; *Signore, vieni presto in mio aiuto*» (Sal 70,2). Intercalano ogni salmo con la lode alla SS. Trinità «*Gloria al Padre, al Figlio e allo Spirito Santo*». Terminando la Liturgia Eucaristica e delle Lodi, essi pongono giustamente il Padre nostro, la preghiera perfetta che Gesù ha consegnato ai suoi discepoli. Infine aggiungono un'orazione e la benedizione.

I Padri orientali danno alle ricorrenze pasquali e festive un'impostazione molto solenne, perché le considerano una pregustazione e un'anticipazione della gloria paradisiaca. I Padri occidentali accentuano invece gli aspetti penitenziali e dolorosi della passione del Signore. Sistemano l'Ufficio del Venerdì Santo, riferendolo alle molteplici spoliazioni, rinunce, umiliazioni e sofferenze di Gesù. Imprimono a ogni mercoledì e venerdì un volto penitenziale, scegliendo i salmi di lamentazione e le letture bibliche che ne evocano il percorso doloroso.

Per la celebrazione delle Ore Minori immettono un breve ricordo della storia della salvezza, che culmina nella crocifissione, nella morte, nella sepoltura, nella risurrezione di Gesù e nel dono dello Spirito Santo, si prolunga poi con la predicazione evangelica e l'attesa della gloria eterna.

Per corrispondere all'auspicio del papa Gregorio Magno, dispongono che la salmodia sia possibilmente cantata nelle cattedrali, nelle chiese parrocchiali e nei monasteri.

La salmodia nel monachesimo e negli istituti religiosi

I primi eremiti memorizzano tutto il Salterio e lo recitano nell'arco di una giornata oppure adottano la lettura giornaliera e continuata di tutti i salmi. I monaci invece si radunano negli orari prestabiliti. Cantano insieme i salmi, collegandoli alla vita, all'esodo pasquale di Gesù, al cammino della Chiesa e alle esperienze dell'umanità [32].

I monaci occidentali apprendono il metodo di preghiera degli orientali. Applicano il valore spirituale dei salmi a Gesù, alla Chiesa e all'umanità, chiamata ad attendere la gloria eterna. Nel commento al salmo «*come incenso salga a te la mia preghiera, le mie mani alzate come sacrificio della sera*» (Sal 41,2) san Giovanni Cassiano asserisce: «*In queste parole si può comprendere più spiritualmente un'allusione a quel sacrificio della sera, compiuto dal Signore e Salvatore durante l'ultima Cena... oppure a quello stesso sacrificio che ...offrì alla sera»* sul Golgota[33].

San Benedetto di Norcia insegna ai monaci che il Salterio è il principale libro di preghiera e di teologia dell'Antico Testamento. Ritma la loro giornata sull'ascolto della Parola di Dio, sulla preghiera corale e sul lavoro personale. Programma che i monaci cantino tutti i salmi nel corso di una settimana. Sceglie quelli più adatti per ogni giorno e per ogni orario.

I legislatori successivi riconoscono che la salmodia delle Ore canoniche è la principale attività spirituale del cristiano. Rilevano che essa distoglie gli oranti dalle effimere vanità, contrasta le loro tendenze peccaminose, suscita in essi il desiderio di riparare tutte le defezioni umane, li incoraggia a proseguire nella sequela di Gesù, li sollecita a servire i fratelli, immersi nelle vicende quotidiane e incrementa in ognuno la speranza di giungere alla beatitudine eterna. La salmodia oraria diventa prevalentemente un ufficio clericale e monacale, essendo i laici occupati in altre indispensabili attività.

I Benedettini inventano l'orologio meccanico, per mantenersi puntuali ai loro quotidiani ritmi di preghiera, di lavoro e di riposo. San Bernardo, grande maestro di contemplazione e d'immersione nel sacro, esorta i suoi monaci di prestare la massima attenzione al canto dei salmi, di sostenerlo con la loro partecipazione e di unire a ogni Ora canonica un particolare stato d'animo: la vigilanza per accogliere l'arrivo del nuovo giorno, il pentimento per le conseguenze del peccato, la compassione per la morte di Gesù e la gioia per la sua gloriosa risurrezione.

Il benedettino Goscelin di Sant-Bertin, guida esperta nell'assidua preghiera, propone che i monaci al segnale di ogni ora del giorno dedichino un breve pensiero a un episodio della passione di Gesù, per rafforzare la loro comunione con lui. La sua originale proposta non ottiene consensi, essendo impossibile praticarla nel riposo notturno.

San Francesco d'Assisi onora, benedice e supplica Dio, adottando il Breviario romano, largamente diffuso nella Chiesa latina. Prescrive ai suoi frati e alle suore claustrali di mantenere quest'uso tradizionale di preghiera. Compone poi un Ufficio della passione del Signore, scegliendo i salmi più adatti e tra l'uno e l'altro v'inserisce un'antifona, che echeggia il suo carisma e la sua conformazione a Gesù crocefisso. Santa Chiara «*tra le ore del giorno, di solito a Sesta e a Nona, è più compresa in Dio, per immolarsi con il Signore immolato*»[34]. Educa le novizie e le monache a fare altrettanto nei momenti della salmodia.

San Bonaventura, divenuto generale dei Frati Minori, amplia e abbellisce l'Ufficio della passione di san Francesco[35]. Ordina quindi a ogni religioso: «*Medita come per te* (il Signore) *digiunò, ebbe fame e sete, lavorò e si stancò. Per te pianse, sudò sangue, ti alimentò con il suo santissimo Corpo e preziosissimo Sangue. Medita come per te fu schiaffeggiato, sputacchiato e deriso e flagellato. Non dimenticare che è stato crocifisso per te, ricoperto di piaghe e ucciso con una morte orrenda e amarissima. In questo modo ti ha redento*»[36].

I religiosi di altri istituti perfezionano i metodi sull'ascolto a Dio e sulla preghiera, attenendosi al loro carisma. Per incrementare la conversione, la crescita spirituale e la padronanza interiore, pubblicano libri di orazione, di memorie edificanti e di meditazione sulla passione, morte e risurrezione del Signore. Educano i giovani a conoscere la musica e la salmodia. Compilano innari come anche filastrocche, per disporre gli oranti a immedesimarsi nell'annientamento di Gesù e nelle incessanti sofferenze della Chiesa.

All'inizio del secondo millennio gli Europei non capiscono più il latino e abbandonano la salmodia, divenuta un impegno prevalentemente clericale. Per aiutare la gente a pregare, i religiosi promuovono le pratiche devozionali, formulandole con il linguaggio locale. Nelle varie ore della giornata organizzano anche diverse tipologie di processione su Gesù, che sale lentamente al Calvario, dove conosce lo strazio della crocifissione, vi muore, è quindi deposto dalla croce e sepolto. Organizzano rappresentazioni spettacolari e popolari, sovente unite a quei problemi che inquietano la società. Tramite queste procedure evocano e diffondono la memoria della passione del Signore, poco conosciuta dai più giovani.

In particolare Giovanni Ruysbroeck introduce l'Orologio della passione del Signore nel quale a ogni ora del giorno dà delle indicazioni commemorative, che partono della lavanda dei piedi e terminano con la sepoltura di Gesù [37].

La badessa agostiniana, santa Chiara da Montefalco, insignita di visioni estatiche, osserva l'indicazione di Ruysbroeck e prescrive alle sue monache: «*Dovete sempre meditare la passione di Cristo. All'inizio della giornata fate memoria della flagellazione di Gesù*; *all'ora prima, dell'Ecce Homo*; *all'ora terza, di Gesù che porta la croce*; *all'ora sesta, di Gesù crocifisso*; *all'ora nona, della morte di Gesù*; *a Compieta, della sepoltura di Gesù. Durante le altre ore, dell'incoronazione di spine, delle sofferenze di Maria Vergine*»[38].

San Paolo della Croce adotta la salmodia romana cui aggiunge la preghiera mentale, appresa dal metodo meditativo dei Carmelitani. Nei giorni di venerdì impallidisce e palpita, pensando alle sofferenze del Signore. Durante la settimana santa si concentra maggiormente sui dolori fisici e spirituali di Gesù. Presiede le sacre funzioni, infiammando il volto e comunicando pensieri che colpiscono gli uditori. Stabilisce che i suoi religiosi siano una continua memoria della passione del Signore. Prescrive che all'inizio di ogni ora canonica recitino l'inno cristologico sull'umiliazione ed esaltazione di Gesù, scritto dall'apostolo Paolo (Fil 2,10-12).

Tommaso Struzzieri passionista, divenuto vescovo, accoglie lo schema della cronologia della passione menzionata e nell'opuscolo dei suoi propositi annota: «*Per recitare con applicazione il s. Officio lo distribuirò sopra la Passione di Gesù Cristo nella seguente maniera. Nel primo notturno penserò al sudore di sangue di Gesù nell'orto, nel secondo notturno alla prigionia dolorosa di Gesù, nel terzo allo strapazzo che ebbe Gesù dall'orto a Gerusalemme. Nelle laudi alle pene sofferte da Gesù allorché fu trascinato in diversi tribunali. A prima alla flagellazione. A terza alla coronazione di spine. A sesta alla crocifissione, a nona alla morte di croce*; *e a vespro la sepoltura. A compieta al dolore di Maria Santissima, che se ne ritornò a casa senza il Suo Figlio*»[39].

Nel settecento e nell'ottocento alcuni teologi cercano di educare il popolo a osservare i ritmi della preghiera quotidiana. Per aiutarlo a vivere un costante rapporto con Dio, inventano delle preghiere sostitutive al Breviario come le diverse Coroncine e i Piccoli Uffici Votivi della passione di Gesù e della compassione di Maria. Non ottengono ampie adesioni, perché la gente, perlopiù analfabeta, preferisce brevi giaculatorie e il Breviario di Pio V, pubblicato nel 1568 rimane la preghiera ufficiale del clero, dei monaci e dei religiosi istruiti.

La salmodia nella Chiesa odierna

Il Concilio Ecumenico Vaticano II insegna che le celebrazioni liturgiche hanno lo scopo di aiutare i cristiani a contemplare unitamente le opere della nostra redenzione, come pure a santificare il corso dei giorni, glorificare Dio, proseguire su un cammino sapienziale e intercedere per le necessità umane. Per facilitarne la comprensione e la prosecuzione, esso approva l'uso delle lingue locali. Nel 1971 Paolo VI, che ha compreso l'urgenza del rinnovamento liturgico, promulga il nuovo Ufficio Divino, che conserva l'indole oraria, festiva o penitenziale di ogni giorno.

Infatti, nei giorni domenicali e festivi l'Ufficio presenta i salmi che predicono il passaggio di Gesù alla gloria della risurrezione. Nei giorni penitenziali contiene i salmi, che annunciano le sofferenze della vita e della morte di Gesù. Il nuovo Ufficio dà anche un maggiore rilievo al triduo pasquale, nel quale la Chiesa in un clima di fervida preghiera rivive solennemente l'esodo pasquale di Gesù, si associa ai suoi sentimenti, entra nel processo storico salvifico di Dio, lotta contro le malignità umane e attende beatitudine eterna.

Le citazioni bibliche delle varie Ore sollecitano tutti gli oranti a dialogare con Dio, a ringraziarlo per i suoi meravigliosi interventi nella storia, a combattere le rigidezze mentali, a rinnovarsi nell'intimo e a vivere nella radicalità evangelica.

Sapendo che esiste un grande bisogno di incontrare Dio, oggi i responsabili delle comunità ecclesiali educano i cristiani a celebrare la Liturgia delle Ore nella quale svolgono il loro ufficio sacerdotale, regale e profetico.

Bibl. Principale: AaVv, *Scientia Liturgica* V., PIEMME, Casale Monferrato 1998, pp. 29-165; V. RAFFA, *Liturgia delle Ore*, in NDL, Ed. Paoline, Roma 1984, pp. 753-776; B. NEUNHEUSER, *Ufficio divino*, in DES, pp. 193-197; J. PINEL, *Ufficio divino* in Dizionario degli Istituti di Perfezione IX, Ed. Paoline, Roma 1977, coll. 1434-1447; V. RAFFA, *Lodi e Vesperi*: *cardine della preghiera oraria ecclesiale*, in Riv. Lit 4 (1968), pp. 488-507 É. BERTAUD, *Les Horologes de la Passion*, in DSp, VII-1, 1969, coll. 752-754; C. A. NASELLI, *La celebrazione del mistero cristiano e la liturgia delle Ore in S. Paolo della Croce*, in Ricerche di storia e spiritualità passionista 13, Curia Generalizia, Roma 1980; G. GHARIG, *Il mistero della croce nella liturgia bizantina*, in *Il mistero della Croce e Maria*, Ed. Monfortane, Roma 2001, pp. 47-51.

Culto e Devozione alle Piaghe, al Cuore e al Sangue del Signore

Le devozioni si riscontrano in tutti i popoli antichi e odierni. Sono perlopiù costituite da forme ripetitive di preghiera e sono accompagnate da caratteristici gesti di affetto, di affidamento, di riconoscenza e di servizio. Dipendono dalle culture locali, dalle capacità creative dei gruppi e dalle ricorrenze festive. Nel cristianesimo si affermano e si sviluppano lungo i secoli. Hanno un influsso benefico, proporzionato all'atteggiamento interiore. Attutiscono il dolore e aiutano a dare la propria adesione alla rivelazione divina (CCC 67). Infatti, elevano a Dio, che sa tutto di noi e incoraggiano a servirlo con fiducioso abbandono in lui. Favoriscono la formazione delle coscienze, si oppongono al malcostume, liberano dagli scoraggiamenti personali, incrementano la maturazione spirituale, aprono ai bisogni degli altri, spingono ad atti di eroicità e sollecitano la creazione di nuova arte pregiata, (EN 48).

I cristiani compiono molteplici atti devozionali: adorazioni al Santissimo, invocazioni al Signore, inchini alle immagini sacre, pellegrinaggi ai santuari, processioni locali, segni di croce, preghiere mariane, affidamenti ai santi protettori e in tanti altri esercizi. Mutevoli e facoltative, le devozioni devono essere comprensibili il più possibile, né sostituiscono le celebrazioni liturgiche in cui ognuno è chiamato all'ascolto della Parola di Dio. Sono spesso criticate e respinte, se promuovono solo curiosità, emotività, folklore, competizione e rivalità.

Parecchi cattolici osservano che esistono governi statali incoerenti: vietano ai credenti il diritto di esporre i loro segni di fede e di organizzare cortei religiosi, mentre loro approvano divise e manifestazioni di qualsiasi altro genere.

Il concilio Vaticano II raccomanda vivamente di conservare le devozioni e di valorizzarle, «*purché siano conformi alle leggi e alle norme della Chiesa*» (SC 13). Dove, infatti, sono eseguite secondo le disposizioni che essa ha stabilito, distolgono dal peccato, liberano dai difetti, glorificano il Signore, rafforzano le forme di preghiera, suscitano il desiderio di crescere nelle virtù e indicano la giusta via, per edificare il bene.

Nel caso opposto rinchiudono la rivelazione divina dentro determinati schemi mentali, mantengono nell'ignoranza, incrementano l'egoismo, escludono l'impegno etico, suscitano discordie e fomentano il sentimentalismo, l'irrazionalità, la superstizione e la mentalità magica.

Nell'Esortazione apostolica *Evangelii gaudium* (La gioia del Vangelo, papa Francesco conferisce un particolare rilievo alle semplici devozioni e alle spiritualità popolari, visibili in una varietà d'iniziative e di segni. Asserisce che esse sono un dono di Dio. Vanno quindi sostenute e separate dagli abusi individualistici (n 70; 124; 126: 262). Consideriamo ora le devozioni e il culto che hanno una stretta relazione con la passione del Signore.

Il culto e la devozione alle piaghe del Signore

Nelle apparizioni ai discepoli Gesù si rende riconoscibile, mostrando a loro le piaghe della sua dolorosa crocifissione. Essi lo fissano e costatano che le sue sanguinanti ferite sono ora splendenti e rimarginate. Capiscono che è il Crocifisso, sciolgono i loro dubbi sulla sua risurrezione e si prostrano davanti a lui. Mossi poi dallo Spirito Santo vincono le loro titubanze e ne danno pubblica testimonianza al popolo.

Commentando i racconti evangelici della risurrezione, i Padri della Chiesa esortano i cristiani a contemplare assiduamente Gesù assiso con il suo corpo nella gloria celeste, ma è anche presente nell'umanità, che porta le piaghe, prodotte dalle malattie, dalle ingiustizie e dalle violenze. Assicurano che, soccorrendo i sofferenti, essi sono un segno dell'amore redentivo di Gesù.

I teologi e i mistici medievali contemplano assiduamente Gesù trafitto. Si prostrano davanti a lui, lo adorano e lo pregano che comunichi a loro la forza di imitarlo. San Pier Damiani (1007-1072) compone per sé e per i monaci queste preghiere: «*Ti vedo appeso alla croce, o mio Redentore, con gli occhi del mio cuore, ti vedo ferito da nuove piaghe. Quando tu verrai per il giudizio... possa io trovarmi tra i segnati con queste stimmate, affinché, configurato al Crocifisso, io meriti di essergli unito nella gloria di risurrezione*»; «*Tu, o Signore, con le cinque ferite del tuo sacratissimo corpo hai guarito tutte le nostre ferite che ci hanno inflitto i cinque sensi del nostro corpo. Tu ti sei fatto vittima di soavità per il Padre e prezzo di redenzione per noi. Adoro, Signore, la tua croce, adoro la tua morte vivifica*»[40]. Segue

San Bernardo abate (1090-1153) si compiace contemplare le ferite dolorose e gloriose di Gesù da cui deduce che sono un compendio della sua passione, un segno dell'amore infinito di Dio, un appello alla costante penitenza, una porta d'accesso all'intimità divina e una sicura protezione per ogni peccatore. Commentando il Cantico dei Cantici sulla colomba che entra nelle cavità delle rocce e vi riposa (Ct 2,13-14), asserisce: «*Dove vi può essere un rifugio sicuro e stabile per i deboli, se non nelle piaghe del Salvatore? Là abito tanto più sicuro quanto più egli è potente nel salvare. Il mondo freme, il corpo opprime, il diavolo tende insidie: io non cado; sono, infatti, fondato su una solida roccia.... Chi mai ha conosciuto il pensiero del Signore, e chi è stato suo consigliere? Ma il chiodo che penetra è stato per me la chiave che apre, affinché io veda la volontà del Signore. Come non vederla attraverso la fenditura della roccia? Lo grida il chiodo, lo grida la piaga, che davvero Dio è in Cristo, per riconciliare il mondo. Una spada ha trapassato la sua anima, e si è avvicinata al suo cuore, affinché, ormai, egli sappia compatire le mie debolezze. Attraverso le ferite del corpo appare il mistero del cuore, appare quel gran sacramento delle pietà, appaiono le viscere di misericordia del nostro Dio... Aperte le fenditure, ci ha introdotto nel santuario. In tutto questo, quanta abbondanza di dolcezza, pienezza di grazia e perfezione di virtù!*»[41]. Guerrico, abate d'Igny e discepolo di Bernardo, aggiunge: «*Questi buchi aperti di tante ferite offrono il perdono ai colpevoli e recano la grazia ai giusti*»[42].

L'Imitazione di Cristo, che esalta il sentimento personale dell'orante, consiglia di entrare mentalmente nelle piaghe di Cristo, per trovarvi affrancamento spirituale e serenità d'animo: «*Se tu non giungi a considerare le cose celesti e sublimi, raccogliti a meditare la Passione del Salvatore, e cerca di nasconderti nelle sue sante piaghe. Se con devozione cercherai rifugio nelle sacre stimmate di Gesù, sentirai un gran sollievo nelle tribolazioni, né il disprezzo degli uomini ti affliggerà, anzi sopporterai in pace i loro insulti*»[43].

Santa Gertrude di Helfta (1256-1302), devota di Gesù misericordioso, venera un'immagine che lo raffigura con le cinque piaghe. Per ogni ferita ripete cinque volte questa preghiera: «*Salve, o Gesù sposo dolcissimo, io ti abbraccio con l'amore di tutto l'universo deliziandomi nella tua Divinità e bacio la piaga del tuo amore*»[44]. Recita altre preghiere vocali con l'intento di ottenere da lui il perdono dei peccati e di crescere nel suo amore. Avendo appreso che egli in una visione avrebbe comunicato a santa Brigida di aver subito nella flagellazione 5466 ferite[45], ne trae un'applicazione spirituale: si prepara alla festa dell'Ascensione, dicendo 5466 volte questa preghiera: «*Gloria a te, soavissima, dolcissima, benignissima, nobilissima, regale, fulgida e sempre tranquilla giocondissima e gloriosissima Trinità, per le vermiglie piaghe del mio unico Diletto*»[46]. Santa Chiara d'Assisi rifà spesso una preghiera, rivolgendola alle cinque piaghe di Gesù[47].

Giovanni Taulero (1300-1361) adotta le stesse interpretazioni dei mistici precedenti. Infatti, alle monache desiderose di rendere più bello e più attraente il mondo, suggerisce che nella preghiera compiano queste applicazioni: «*Dovete ritirarvi volentieri nei cantucci e nella solitudine e là unirvi a Dio passivamente, salire sull'amabile albero fiorito della degna vita e passione di nostro Signore Gesù Cristo, entrare nelle sue gloriose piaghe e poi ancora risalire sulla vetta della sua alta e venerabile divinità*»[48]. «*Dobbiamo immergerci nelle cruente piaghe di Gesù, imprimere amore, e farci pure spesso esternamente il segno della santa croce*»[49]. «*Quando le nostre suore cantano i salmi, devono porre distintamente ciascun salmo in una particolare ferita. Imprimi così il Signore in te e te in lui*»[50].

Altri autori spirituali, convinti che vanno conservate e non distrutte le meravigliose bellezze del creato, paragonano le cicatrici luminose di Gesù a un giardino fiorito o a un palazzo delizioso, dove le persone si rifugiano, per vincere i momenti più tormentosi della vita e per incrementare la loro comunione con Dio .

Nel Diario, datato il 19 maggio 1697, santa Veronica Giuliani scrive che in un'estasi il Signore le aveva apertamente detto: «*Di' a tutte* (le religiose) *che se vogliono trovarmi e unirsi a me, siano devote delle mie piaghe. Mentre così diceva, mi mostrava le sue sante piaghe...*»[51].

San Paolo della Croce (1694-1775) in una lettera circolare ai suoi religiosi inserisce questa raccomandazione: «*Non v'allontanate mai dalle Piaghe SS. di Gesù Cristo, procurate che il vostro spirito sia tutto vestito e penetrato dalle Pene SS. del nostro Divin Salvatore, e siate sicuri che egli è il Divin Salvatore, vi condurrà come sue pecore al suo ovile*»[52]. Esorta Agnese Grazi, sua ammiratrice e confidente, a contemplare le ferite del Signore per acquisire la sapienza divina e per neutralizzare le persistenti illusioni di una vita comoda. Le propone di recitare delle rime, che egli stesso ha composto in cui immette questa esortazione: «*Mira ancor le mani ed i piedi, che son da chiodi trapassati. E la vita tutt'intera è da piaghe traforata. Se rimiri poi il costato, che con lancia fu squarciato, capirai ch'egli è la stanza di chi m'ha spropriato*»[53].

Per quanto riguarda l'aspetto liturgico, nel 1139 la Chiesa permette che in Portogallo si celebri la festa delle Cinque Piaghe del Signore, cui attribuisce un effetto liberante e salutare. Nel secolo XIV ne approva la Messa votiva e l'Ufficio divino, entrambi accolti e adottati dai monaci cistercensi. Nel 1697 Innocenzo XI stabilisce che la Messa delle Piaghe del Signore sia celebrata con solennità nel giorno di venerdì della terza domenica di Quaresima, ma all'inizio del secolo XX è soppressa, per impedire un eccesso di dolorante e frustrante annuncio. Pertanto essa rimane una festa o una memoria, che alcuni Istituti religiosi celebrano con un fervore proporzionato alla sensibilità dei singoli.

I Passionisti spostano nella seconda settimana di Pasqua la celebrazione della Messa sulle Piaghe del Signore. Contemplando i suoi segni di umiliazione e di trionfo, essi imparano a soccorrere i fratelli nel bisogno, a sacrificarsi per riparare il male che dilaga nel mondo e a confidare nella potente grazia di Dio.

Alcuni religiosi di altri Istituti aggiungono alla menzionata liturgia la pia pratica della Coroncina delle Cinque Piaghe, consistente nella recita di un'Ave Maria, di cinque Padre nostro, di qualche Gloria e di una preghiera per ogni piaga come anche nell'invocazione di singolari Litanie. Il gesuita, venerabile Vincenzo Carafa ne è il maggior propagatore. Sant'Alfonso Maria De' Liguori rende più popolare la pia pratica, stabilendo di ripetere per ogni piaga un solo Pater, Ave e Gloria. Questo semplice esercizio di preghiera vocale diviene un metodo, adottato dai religiosi laici e dagli appartenenti ad alcune Confraternite. Nell'Udienza Generale del mercoledì 22 giugno 2016 papa Francesco ha confidato di aver conosciuto e praticato la devozione alle Piaghe del Signore. Altri autori modificano questo esercizio di pietà. Sostituiscono la menzione dei misteri dolorosi con l'evocazione delle cinque ferite di Gesù. Per richiamare l'essenziale della vita evangelica qualche altro autore inventa il pio esercizio della Coroncina dei Sette Dolori di Maria[54].

Ricordiamo altre preghiere popolari sulle piaghe del Signore. Nel Medioevo i Francescani formulano la celebre giaculatoria, che ripetiamo nel passaggio da una all'altra stazione della *Via Crucis*: «*Santa Madre, deh*! *Voi fate che le piaghe del Signore siano impresse nel mio cuore*». Negli anni precedenti il concilio ecumenico Vaticano II si proponeva questa preghiera dopo la comunione eucaristica: «*Eccomi, o mio amato buon Gesù, che alla Santissima tua presenza prostrato ti prego con il fervore più vivo di stampare nel mio cuore sentimenti di fede, di speranza, di carità, di dolore dei miei peccati e di proponimento di non offenderti più, mentre io con tutto l'amore e la compassione vado considerando le tue Cinque Piaghe, cominciando da ciò che disse di te, o mio Gesù, il santo profeta Davide*: *Hanno trapassato le miei mani e i miei piedi; hanno contato tutte le mie ossa*»[55]. Era consigliata anche la recita di questa sequenza, che ha un'origine barnabita: «*Anima di Cristo, santificami. Corpo di Cristo, salvami.*

Sangue di Cristo inebriami. Acqua del costato di Cristo, lavami. Passione di Cristo, confortami. O buon Gesù, esaudiscimi. Dentro le tue piaghe, nascondimi. Non permettere ch'io mi separi da te...»[56].

Osserviamo da ultimo che gli artisti ambirono rappresentare Gesù con i segni della sua passione. Ne troviamo tante immagini nei portali delle chiese e nelle icone. Possiamo riscontrare un concreto esempio nell'icona dell'Anno Santo della divina Misericordia.

Il culto e la devozione al Sacro Cuore di Gesù

Nel corso dell'esistenza terrena Gesù mantiene un atteggiamento di apertura, di accoglienza, di carità e di perdono verso ogni persona. Terminata la sua missione temporale, consegna se stesso nelle mani del Padre, abbassa la testa e muore (Lc 23,46; Gv 19,30). Per assicurarne il decesso, un sodato gli trafigge il cuore. Meditando su questo episodio, gli Apostoli e la Chiesa si concentrano sul suo valore teologico, sacramentale, spirituale e simbolico. Approfondiscono il significato di questo squarcio, segno della compassione di Dio per l'umanità ferita dal peccato e bisognosa di guarigione. Per rafforzare la fede dei cristiani, incrementano la venerazione e il culto a Gesù, persona divina e umana. Parlano della sua azione gratuita e salvifica.

Nel secolo XII i contemplativi pongono più attenzione sul senso del cuore trafitto di Gesù, punto focale dell'amore di Dio per l'umanità. Sviluppano le loro considerazioni su quanto hanno appreso dal Crocifisso. Allacciano poi la festa della Santa Lancia e della Cinque Piaghe al culto del Sacro Cuore di Gesù. Mettono la loro viva speranza dentro questo sacrario, tempio di lode incessante al Padre, centro di obbedienza, di servizio, di condivisione, di misericordia e di pace. Adorano il Sacro Cuore, vedendo in esso la via sicura di unione con Dio. Formulano anche numerose preghiere nelle quali assumono un atteggiamento di fede, di amore, di ammirazione e di affidamento al Signore.

San Bernardo di Chiaravalle medita i vangeli, che narrano le sofferenze del Signore. Ne compone un mazzetto, se lo pone dentro il cuore e lo custodisce, per essere aiutato a comportarsi come Gesù. San Francesco d'Assisi, trafitto dal divino amore, propone ai suoi frati di recitare questa preghiera, che ha lo scopo di avversare le crudeltà, assumere le miserie degli altri e perseverare nell'attesa della vita eterna: «*Degno è l'Agnello, che è stato immolato, di ricevere la potenza e la divinità e la sapienza e la forza e l'onore e la gloria e la benedizione*»[57].

Attenendosi alle indicazioni di Francesco d'Assisi, san Bonaventura da Bagnoregio riflette spesso sulle sofferenze di Gesù. Vi scorge il modo più conveniente in cui Dio ripara il peccato e redime gli uomini. Ponendosi davanti a questo cuore squarciato, prega: «*O Gesù ottimo, il tuo Cuore è un tesoro, è una perla preziosa, che abbiamo trovato nella fossa scavata intorno al tuo corpo. Chi getterà via una tal perla?*»[58]. Invita quindi i cristiani a guardare la sua ampia ferita, potranno allora penetrare profondamente nell'amore del Signore e comprendere quanto egli è stato offeso dalle loro crudeli ostinazioni.

Santa Gertrude, monaca cistercense di Helfta, coltiva un'intensa devozione al Cuore trafitto di Gesù. Sentendosi la sua sposa, gli chiede la grazia di possedere un cuore caritatevole e simile al suo. Bramosa di stare sempre unita a lui, avverte che i battiti del cuore di Gesù sono più armoniosi di quelli degli altri. Scrive che in una visione egli «*le presentò con le sue proprie mani il suo Cuore divino in figura di lampada, dicendo*: *Ecco, ti presento il mio Cuore, organo dolcissimo dell'adorabile Trinità, affinché tu possa chiedere con fiducia di supplire ad ogni tua deficienza*»[59]. Lei gli risponde di imprimerle la forza necessaria di corrispondere in ogni momento al suo ineffabile amore: «*O Dio pieno di amore. Fa' che il mio cuore sia sempre vicino a Te come una di quelle anfore che i servi, ad un cenno, porgono ai loro padroni per ristorarli. Possa tu sempre trovarlo pronto per infondervi ed attingervi in qualunque momento ciò che vorrai e per chiunque vorrai*»[60]. Compone anche un libro in cui testimonia d'aver sperimentato l'amore del Signore e propaga per prima la devozione al Sacro Cuore.

Fissando il Sacro Cuore, santa Caterina da Siena usa parole simili ai mistici citati. Infatti, dice al Signore: «*Hai fatto una caverna nel costato tuo, nella quale* (l'uomo) *avesse rifugio dalla faccia dei nemici*»[61]. I benedettini, Ludolfo Certosino (1295-1378) e Jan Gereecht (1489-1539), promuovono la devozione al Sacro Cuore di Gesù, per elevare la vita spirituale nei monasteri dell'Ordine, infondere la fiducia in Dio misericordioso e mostrare il volto materno e accogliente della Chiesa.

Nel secolo XVI i Gesuiti francesi incrementano la devozione amorosa al Sacro Cuore di Gesù, per impedire la crescente diffusione de rigorismo giansenista. San Pietro Canisio (1521-1597), docente universitario, redattore di alcuni catechismi, predicatore e consigliere del papa, Pio V, ne è il più celebre promotore. Nel secolo XVII san Giovanni Eudes (1601-1680), fondatore della Congregazione di Gesù e di Maria, compone la Messa, l'Ufficio liturgico e le Litanie del Sacro Cuore. Con il permesso del vescovo di

Rouen il 20 ottobre 1672 inizia la festa del Sacro Cuore. Ne propaga la celebrazione liturgica nelle diocesi francesi e negli Istituti religiosi, perché ognuno comprenda maggiormente la sua dignità come pure la sua chiamata a riparare i peccati del mondo e a conseguire la perfetta santità. Nell'anno seguente Margherita Maria Alacoque (1647-1690), monaca visitandina ed estatica, durante l'ottava del *Corpus Domini* vede il Signore che le mostra le Cinque Piaghe, da cui escono fiamme luminose. Le infonde un acuto desiderio di conversione e le suscita un genuino anelito di patire, per cooperare all'opera della redenzione. La costituisce inoltre sua discepola prediletta e testimone del suo ardente amore. Nella lettera del 3 novembre 1674 Margherita scrive al gesuita, p. Giovanni Croiset, che il Signore è apparso a lei, le ha mostrato il suo Cuore squarciato su un trono di fiamme, trasparente come un cristallo, circondato da una corona di spine e sormontato da una croce, le ha anche assicurato che il suo Cuore arde d'amore per l'umanità. L'ha quindi esortata a entrarvi, per trovarvi rifugio.

Nell'ultima rivelazione del 16 giugno 1675 il Signore chiede a Margherita che in tutta la Chiesa sia istituita la festa del Sacro Cuore e sia celebrata dopo l'ottava del "*Corpus Domini*". Le raccomanda poi di comunicarsi tutti i primi venerdì del mese, perché la comunione eucaristica è la più alta forma di riparazione dei peccati e il mezzo più appropriato, per sconfiggere la mediocrità spirituale. Le promette inoltre che riceveranno particolari benedizioni quelli che onoreranno il suo Sacro Cuore e praticheranno i primi venerdì del mese.

Margherita corrisponde all'appello del Signore e s'impegna a riparare i peccati degli uomini, specialmente quelli della loro autosufficienza. Il 21 giugno 1686 espone nella cappella del monastero l'immagine del Sacro Cuore e ne celebra la festa, ma è ostacolata dalle monache, che dubitano sulla veridicità delle sue visioni, la considerano una demente e le assegnano l'ufficio di governare le mucche. San Claudio de la Colombière (1641-1682), superiore del collegio gesuita di Paray - le – Monial e confessore straordinario delle suore della Visitazione, indaga con rigorosità sulle visioni e sul contenuto dei messaggi di Margherita. Ne riconosce l'autenticità. Pertanto promuove il culto e la devozione al Sacro Cuore nei monasteri della Visitazione, nelle comunità dei Gesuiti e nelle famiglie aristocratiche. Le monache visitandine si tramutano quindi in ardenti promotrici della nuova spiritualità e i Gesuiti la rendono popolare, unendola all'Apostolato della Preghiera. L'effigie del Sacro Cuore diventa l'emblema dei due

Istituti religiosi, mentre Margherita muore con la certezza d'aver adempiuto la missione, che il Signore le aveva affidato.

Sorgono poi altre famiglie religiose, che si consacrano al Sacro Cuore e ne propagano il culto, esente da forme d'indiscreto fanatismo. Raffigurano Gesù vivo, eretto, attraente e con il cuore sanguinante. Dedicano a lui chiese e altari,. Pubblicano libretti che stemperano l'ostico agnosticismo culturale, incrementano la speranza della redenzione e educano a vivere nell'ardente carità di Dio. Stampano quadri, dipinti e ricordi della prima Comunione e della Cresima, che rimandano alle visioni mistiche di Margherita o all'immagine di san Giovanni evangelista, chinato sul costato trafitto di Gesù.

Sant'Alfonso De' Liguori compone nel 1758 una novena con lo scopo di preparare il popolo a celebrare con entusiasmo la festa del Sacro Cuore e accrescerne la partecipazione. San Paolo della Croce accenna con frequenza al costato ferito di Gesù. Nelle sue lettere augura sovente che la passione del Signore sia impressa nei cuori di ogni cristiano. Ad Agnese Grazi di Orbetello, sua confidente spirituale, scrive: «*Lasciate che la povera farfalletta bruci tutta e s'incenerisca in quella luce amorosa della fornace dolcissima del Cuore amoroso di Gesù e ivi liquefatta d'amore faccia festa continua di cantici amorosi*»[62].

Con dichiarazioni e documenti ufficiali i Pontefici riconoscono l'utilità della nuova spiritualità, che va diffondendosi nel cattolicesimo e si oppone alla disaffezione giansenista ai sacramenti. Nel 1765 Clemente XIII autorizza i vescovi di Polonia e l'Arciconfraternita romana dei Gesuiti, di celebrare la Messa e l'Ufficio del Cuore di Gesù, per onorare il Signore e per riparare le ingratitudini, che ha ricevuto. Nel 1856 Pio IX universalizza la celebrazione del Sacro Cuore e nel 1873 acconsente che sia dedicato a lui tutto il mese di giugno.

Il 25 maggio 1899 Leone XIII pubblica la sua prima enciclica "*Annun Sacrum*", in cui rafforza le basi teologiche e ascetiche sulla riparazione del male. Accolte le pressanti richieste di alcune persone, consacra al Sacro Cuore di Gesù tutta l'umanità. Ai vescovi cattolici consiglia di compiere nelle loro diocesi il suo atto di consacrazione. Eleva la festa del Sacro Cuore a solennità e raccomanda che si recitino le Litanie, ricavate dalle fonti bibliche e dalle esperienze di fede. Incarica don Bosco di raccogliere il denaro, per terminare l'erezione della chiesa romana, dedicata al Sacro Cuore. Il 5 luglio 1909 Pio X stabilisce di ripetere ogni anno l'atto di consacrazione al Sacro Cuore. Approva inoltre le associazioni sacerdotali, dedite ad espiare i peccati, che rattristano l'umanità. Nel 1928

Pio XI con l'enciclica "*Miserentissimus Redemptor*" (Misericordiosissimo Redentore) riconosce che la devozione al Sacro Cuore di Gesù compendia tutta la spiritualità cristiana. Nel 1956 Pio XII pubblica l'enciclica "*Haurietis aquas*" (Attingerete acqua), nella quale richiama i migliori dati biblici, patristici, teologici e spirituali del Sacro Cuore. Insegna poi che l'immagine del Sacro Cuore di Gesù merita una devota adorazione, venerazione e implorazione. Gli ultimi pontefici in diverse occasioni si dimostrano favorevoli al culto e alla devozione e del Sacro Cuore di Gesù. Asseriscono che essi sono una scuola di libertà, di responsabilità e di crescita umana.

Nel 1980 Giovanni Paolo II scrive l'enciclica: "*Dives in misericordia*" (Ricco in misericordia). Qui rileva gli aspetti salutari dell'inesauribile tenerezza di Dio, insegnata da Gesù e da lui resa sensibile nei gesti d'amore e specialmente nell'agonia della croce. Vi asserisce che la misericordia divina elimina lo stato di sbando umano, toglie le dolorose fratture del peccato e infonde la pace interiore. Nella lettera al generale dei Gesuiti, datata il 15 maggio 2006, Benedetto XVI scrive che «*resta compito sempre attuale dei cristiani continuare ad approfondire la loro relazione con il Cuore di Gesù, in modo da ravvisare in se stessi la fede nell'amore salvifico di Dio, accogliendolo sempre meglio nella propria vita. … e soprattutto guardando alla sua sofferenza e alla sua morte che possiamo riconoscere in maniera sempre più chiara l'amore senza limiti che Dio ha per noi*»[63].

Papa Francesco raccomanda il culto e la devozione al Sacro Cuore di Gesù, per incontrare lui, che ama, perdona, rinnova e rinvigorisce la fede. Nel giorno della chiusura del Giubileo straordinario 2016 pubblica l'esortazione apostolica "Misericordia et miseria", dove ricorda che la Chiesa nella liturgia sacramentale evoca sempre la misericordia di Dio, inneggia con gioia a lui e offre ai fratelli tanti segni di misericordia. Invita i cristiani a diffondere la cultura della misericordia, per impedire le situazioni di sfruttamento, di rigidità morale, di sofferenza e di morte. Estende la facoltà a tutti i preti di assolvere il peccato dell'aborto, se nelle coscienze riscontrano il pentimento d'aver soppresso un innocente, bisognoso di protezione.

La concessione ai presbiteri di papa Francesco, attento alle ferite, alle emarginazioni, ai pianti e alle attese della gente, rende più trasparente la misericordia di Dio, senza diminuire la gravità e drammaticità dell'aborto volontario. Per preparare i cristiani a celebrare più degnamente la solennità di Gesù Cristo, re di amore, di giustizia e di pace, il Pontefice stabilisce inoltre che la domenica trentatreesima del tempo ordinario sia dedicata ai poveri del mondo. Questa disposizione tende a valorizzare la solennità del Sacro Cuore, che ricorre nel secondo venerdì dopo la Pentecoste. Infatti, non essendo una ricorrenza obbligatoria, passa perlopiù inosservata dalla maggioranza dei praticanti e non ha la forza d'attrazione dei secoli precedenti. Attira solo quelli che hanno un alto livello di fede e d'intraprendenza spirituale, mentre essa dovrebbe coinvolgere tutti i cristiani, immettendoli nell'amore divino e umano di Gesù. Celebrando attivamente questa solennità e meditando su Gesù trafitto, comprenderebbero meglio se stessi, i problemi delle società e la risposta da darvi. Gusterebbero soprattutto l'economia della redenzione, la pedagogia della santità e le intime relazioni delle tre persone divine. Diventerebbero autori di tanto bene e lascerebbero ai posteri i frutti delle loro fatiche.

Il culto e la devozione al Sangue Preziosissimo di Gesù

Il sangue è la sede della vita (Lv 17,11.14). Gesù effonde tutto il suo sangue. Per rigenerarci e introdurci nella nuova ed eterna alleanza, lascia che gli uomini lo feriscano e dissanguino [64]. Nella liturgia eucaristica gli Apostoli inseriscono la memoria di Gesù, che ha versato il suo sangue per noi. Vi attribuiscono un grande valore teologico. Riconoscono che esso vincola a Dio Padre, ottiene il prezioso dono dello Spirito Santo, invia ad annunciare il messaggio evangelico, a servire i bisognosi e a sperimentare lo sviluppo integrale dei beneficati. San Clemente Romano raccomanda ai cristiani di evocare sovente il sacrificio redentore di Gesù, per suscitare nel cuore sentimenti di pentimento, di conversione e di nuova vita, Scrive: «*Guardiamo il sangue di Gesù Cristo e consideriamo quanto sia prezioso al Padre suo. Effuso per la salvezza nostra portò al mondo la grazia del pentimento*»[65]. Rivolgendosi agli Efesini, sant'Ignazio di Antiochia afferma che il sangue di Gesù ha una forza che vivifica i cristiani e li rende operosi: «*Ho recepito nel Signore il vostro amatissimo nome che vi siete guadagnato con naturale giustizia nella fede e nella carità in Cristo Signore nostro. Imitatori di Dio e rianimati nel suo sangue avete compiuto un'opera congeniale*»[66]. Propone che si attengano a quest'unificante norma: «*Preoccupatevi di attendere ad una sola eucaristia. Una è la carne di nostro Signore Gesù Cristo e uno il calice nell'unità del suo sangue…*»[67].

Nel dissanguamento di Gesù san Giustino scorge l'adempimento di alcune figure e profezie del primo Testamento. Sostiene che l'effusione del sangue del Signore è un'eloquente testimonianza di benedizione divina e un potente segno di salvezza. Esorta perciò i lettori dei suoi libri a meditare i testi biblici, pensando al Crocefisso, grondante sangue nell'ora della sua agonia mortale. Essi potranno allora sperimentare la gratuità della salvezza e percorrere un cammino di rinnovamento spirituale[68].

Nei sermoni e nei commenti ai Vangeli i Padri della Chiesa parlano con frequenza del sangue che Gesù ha effuso e ne colgono un salutare effetto. Ricorrendo a un paragone, asseriscono che come il farmaco guarisce da un tipo di malattia così il sangue di Gesù guarisce dal pestifero veleno del maligno. Pertanto esso merita una venerazione superiore a quella attribuita al sangue dei martiri.

I mistici medievali si compiacciono contemplare e venerare il sangue di Gesù. San Bernardo pensa spesso a Gesù, appeso alla croce. Insegna che il suo sangue è una tromba che annuncia la misericordia di Dio e tocca in profondità i peccatori. San Francesco d'Assisi entra nella vita divina e diventa misericordioso, contemplando il costato sanguinante di Gesù. Santa Chiara d'Assisi afferma di voler bere alle ferite del costato di Cristo, per ricevere la forza di lottare contro la potenza del male e per inebriarsi di vita divina.

Nel 1359 un presunto chiodo di Gesù è trasportato solennemente a Siena. Santa Caterina, che abita in questa città, si avvicina al chiodo, lo osserva attentamente e rafforza la sua unione amorosa con Gesù, che ha grondato sangue. Nelle sue lettere dimostra di avere un'intensa comunione con lui, usando l'espressione: «*Scrivo a voi nel prezioso sangue suo*». In particolare asserisce di vivere immersa nel sangue di Gesù ed esorta i destinatari delle sue missive di fare altrettanto, per ottenere la purificazione dei propri peccati e la crescita nella carità.

In un'estasi la beata Anna Caterina Emmerik, monaca agostiniana, vede che Gesù, appeso alla croce, ha delle rosse piaghe, da cui escono raggi luminosi. Intuisce che egli le chiede di lasciarsi purificare e trasformare dal suo sangue. Per conservarne il ricordo, indossa una camicia rossa. Santa Maria Maddalena De' Pazzi paragona il sangue di Gesù a una calamita dolcissima. Per esserne santificata, lo offre ogni giorno a Dio Padre e domanda alle monache di condividere la sua stessa offerta. San Tommaso d'Aquino scrive che il sangue di Gesù toglie tutti i peccati degli uomini (Summa theologica, q. 79, a.3). San Carlo Borromeo ordina di suonare una campana sette volte al giorno, per ricordare ai cristiani, che Gesù effuse il suo sangue[69]. Blaise Pascal comprende l'amore di Dio, contemplando Gesù che durante la sua cruenta passione ebbe le colature di sangue.

San Paolo della Croce insegna ai suoi religiosi d'immedesimarsi nel sangue di Gesù e scrive alla signora Faustina Giannotti di Soriano: «*Vorrei che qualche volta vi immergeste in quel bagno divino del Sangue SS.mo di Gesù Cristo, che sempre bolle, acceso dagli ardori della sua infinita carità*»[70]. Considerando i miracoli eucaristici e la venerazione delle reliquie della Passione nelle località europee, i teologi legittimano il culto e la devozione al Preziosissimo Sangue. Approvano le Confraternite del Preziosissimo Sangue, che lottano contro le ingiustizie sociali, promuovono le libertà dei popoli e ne difendono i diritti. I poeti compongono inni, litanie e preghiere d'invocazione e d'offerta al Sangue di Gesù. Ne riportiamo alcune, valide anche per noi: «*Soccorri i tuoi figli che hai redento con il tuo sangue prezioso*»[71]; «*Signore... fa' che il sangue del nostro Salvatore, misticamente effuso in questo memoriale della sua Passione, sia per noi sorgente di vita eterna*»[72]; «*Eterno Padre, ti offro il sangue Preziosissimo di Gesù Cristo in sconto dei miei peccati, in suffragio delle anime del Purgatorio e per i bisogni della Santa Chiesa*»[73].

I pittori raffigurano Gesù che sprizza sangue dalle ferite della croce, mentre gli angeli e gli oranti lo raccolgono su calici dorati. Per simbolizzare la grazia, proveniente dai sacramenti, qualcuno raffigura Gesù, che con una mano stringe un grappolo d'uva oppure lo ritrae mentre, pressato da un torchio, perde il suo sangue ed esso scorre su dei canaletti, che collegano ad un tino.

Bramosa di migliorare la società europea, la rivoluzione francese suscita un regime che terrorizza e uccide tanti innocenti. In quest'avvilente situazione i cattolici incrementano le pratiche di pietà popolare, promuovono la rievocazione della passione del Signore e danno un forte impulso alla memoria del Sangue Prezioso di Gesù. San Vincenzo Maria Strambi passionista (1745-1824) diffonde il ricordo costante del Sangue sparso di Gesù nelle lettere, nella predicazione, nelle celebrazioni penitenziali, nei raduni di preghiera e nelle formulazioni sul come trascorrere il mese di luglio. Conferisce alle sue riflessioni una forma meditativa, affettiva, colloquiale e ascetica[74]. A loro volta i suoi confratelli passionisti esortano il popolo a recitare la preghiera: «*Eterno Padre, io vi offro il Sangue di Gesù Cristo in isconto de' miei peccati e per i bisogni della S. Chiesa*»[75].

San Gaspare del Bufalo (1786-1837) fin dalla giovinezza scopre che il Sangue di Gesù costituisce il compendio della nostra fede. Visita la basilica di Santa Croce di Gerusalemme, che conserva alcune reliquie della passione del Signore. Animato dai consigli di san Vincenzo Strambi, studia gli aspetti teologici e spirituali del Sangue di Gesù, cogliendovi elementi utili, per riformare la vita religiosa, morale e sociale come pure per dare uno slancio alla sua attività apostolica. Infatti, nelle frequenti missioni popolari predica le massime eterne e detesta le ingiustizie che causano la malavita, il brigantaggio e lo spargimento di sangue. Per arginare le ferite della società, diffonde la devozione quotidiana al Sangue Prezioso di Gesù. Talora si flagella con insistenza, per ottenere la conversione dei peccatori più induriti.

San Gaspare è criticato e ostacolato da parecchi, ma egli persevera nelle sue scelte apostoliche. Esorta tutti a prestare attenzione a Gesù, che con il suo sangue deterge i peccati del mondo. Nei suoi scritti dimostra che il pensiero rivolto a lui, rigato di sangue, ha radici apostoliche e ne propaga la memoria con l'intento di imprimere dignità alle persone, di creare vincoli fraterni e di infondere la speranza nei cuori. Diventa il teologo più apprezzato del Preziosissimo Sangue di Gesù Cristo e l'istitutore di una Congregazione di Missionari. Affida a loro il compito di prestare un ricordo perpetuo al Sangue di Gesù e di consacrargli il mese di luglio, perché esso è il tempo più adatto alla memoria dell'amore ardente di Dio per l'umanità. Animati da questa sorgente spirituale, i nuovi religiosi combattono la decadenza morale e indicano la principale scaturigine della nostra salvezza[76].

Nel 1809 il sacerdote romano Francesco Albertini, direttore spirituale di Gaspare, fonda la prima Pia Unione del Preziosissimo Sangue. Ne precisa la struttura popolare e incrementa la pratica della preghiera riparatrice, che fiacca la potenza del male. Nelle missioni al popolo insiste che Gesù non ha sparso invano il suo sangue, Sollecita quindi che ognuno si lasci purificare e rinnovare dal Signore. Consacrato vescovo, compone la coroncina del Preziosissimo Sangue, che ne evoca le varie effusioni, di cui accennano gli scritti evangelici. A ogni effusione aggiunge un'appropriata preghiera. Nel 1822 ottiene il permesso dalla Santa Sede di celebrare la festa del Preziosissimo Sangue nella prima domenica di luglio.

Avvengono anche fondazioni religiose femminili e confraternite laicali, che propagano la devozione del Preziosissimo Sangue di Gesù. Santa Maria De Mattias (1805-1866), di famiglia benestante ha degli approcci con san Gaspare. Intuisce che è un uomo di Dio e si lascia dirigere spiritualmente da lui e poi dal suo confratello, il venerabile don Giovanni Merlini. Aperta ai loro consigli spirituali, si convince che Dio la chiama a consacrarsi a lui e a dargli testimonianza, servendo i miseri. Incomincia a parlare con ardore dell'amore di Gesù crocifisso e ad accogliere i più bisognosi. Nel 1834 fonda quindi ad Acuto (Frosinone) la Congregazione delle Adoratrici del Sangue di Cristo. Trasmette a loro la spiritualità, che ha appreso da Gaspare e Giovanni. Inculca alle religiose di offrire a Dio il sangue di Gesù, di dedicarsi alla conversione dei cuori, di sedare gli antagonismi e di diffondere ovunque la pace, la giustizia e la fraternità[77].

Il beato Tommaso Maria Fusco di Pagani (Salerno) (1831-1891) custodisce nella scrivania un crocifisso grandissimo, per suscitare pensieri d'amore e di riconoscenza verso Dio. Promuove tra le persone consacrate il culto e la devozione al Preziosissimo Sangue di Gesù. Istituisce la Congregazione delle Figlie della Carità del Preziosissimo Sangue. Chiede alle suore di soccorrere i sofferenti e gli abbandonati. Nel novecento il beato Vincenzo Pallotti, sacerdote, accademico alla Sapienza di Roma, introduce nella scuola la pratica di recitare giaculatorie del Sangue Prezioso di Gesù. Diffonde diverse immagini di crocifissi zebrati di sangue. Raccomanda di offrire a Dio il sangue di Gesù, per ottenere il perdono dei peccati e la liberazione delle anime dallo stato di purificazione. Lasciato l'insegnamento scolastico, si dà completamente al ministero della predicazione e della riconciliazione, in cui ravviva la memoria della passione del Signore[78]. Sorgono poi altre Congregazioni e Confraternite che si contrappongono ai sanguinosi totalitarismi politici.

La Santa Sede, prima responsabile della funzione ecclesiale, accoglie le richieste di legittimare il culto al Sangue di Gesù. Nel 1582 ne approva per la diocesi di Valencia l'Ufficio liturgico, adatto al risanamento delle persone e al miglioramento dei rapporti con la società. Nel secolo XVIII estende la Messa e l'Ufficio del Sangue di Gesù ad altre Diocesi come pure agli Istituti religiosi e alle Confraternite del Preziosissimo Sangue. Nel 1849 Pio IX colloca questa ricorrenza liturgica alla prima domenica di luglio. Nel 1914 Pio X ne sposta la data al primo luglio. Nel 1933 Pio XI dedica al Sangue di Gesù l'anno straordinario della Redenzione. Nel 1960 la Sacra Congregazione dei Riti approva le Litanie del Sangue Prezioso di Gesù.

Giovanni XXIII apprende dal prozio Zaverio e dai familiari la devozione al Sangue di Gesù. Praticando quest'esercizio di pietà, si rafforza nello svolgimento del ministero sacerdotale ed episcopale. Eletto vescovo di Roma, nella lettera apostolica "*Inde a Primis*" (Fin dai primi mesi) del 30 giugno 1960 raccomanda che nel mese di luglio i cattolici recitino le Litanie approvate dalla Congregazione dei Riti, perché «*non è solo conveniente ma sommamente doveroso che ad esso* (il Sangue) *siano tributati omaggi di devozione e di amorosa convenienza*». Prescrive inoltre che dopo la benedizione con il Santissimo l'assemblea aggiunga quest'altra lode al Signore: "*Benedetto il suo Preziosissimo Sangue*"[79].

L'uomo moderno ama informare sui lieti e tristi eventi del giorno, ma evita di parlare sui feriti, morti per dissanguamento. Se si fermasse sui dettagli del loro decesso, susciterebbe emozione e ribrezzo. I teologi odierni si adeguano alla sensibilità e alla cultura del nostro tempo. Per non impressionare i contemporanei discutono poco sulle effusioni di sangue, che Gesù ha emesso durante la sua drammatica passione e morte di croce. Ne consegue che la devozione al Sangue Preziosissimo di Gesù si affievolisce e svigorisce. Dovendo riformare il calendario liturgico e accondiscendere al nuovo orientamento culturale, nel 1970 Paolo VI unisce la festa del Sangue di Gesù alla solennità del "*Corpus Domini*." (Corpo del Signore). Conferisce a essa il titolo di solennità del Corpo e Sangue del Signore. Orienta così i cristiani a non soffermarsi su un particolare aspetto della sua morte ma a concentrarsi sulle sofferenze di tutta la sua persona. Non sopprime tuttavia la Messa del Sangue di Gesù, bensì la inserisce nelle celebrazioni votive. Chi medita sui contenuti biblici e teologici di questa celebrazione, si associa più facilmente al sacrificio di Gesù. Compie con più responsabilità le faccende quotidiane. Nei momenti opportuni recita privatamente questa preghiera: «*Eterno Padre, ti offro il Sangue preziosissimo che Gesù versò sulla croce e che ogni giorno egli offre nel sacrificio eucaristico*». Infine si dedica ai molti feriti nel corpo e nello spirito. Tenta di liberarli dalle loro afflizioni e li avvia verso il supremo fine della vita.

Bibl. Principale: C. VAGAGGINI, *Il senso teologico della liturgia*, Ed. Paoline, Roma 1965, pp. 742-752; A. TESSAROLO, *Devozione al Cuore di Gesù*, in DES, pp. 504-511; I. SANNA, *Sacro Cuore di Gesù*, in NDS, pp. 134-135; B. HÄRING, *Il sacro cuore di Gesù e la salvezza del mondo*, Ed. Paoline, Roma 1983; G. MARCHESI, *Il cuore ci Cristo*: *centro dell'incarnazione di Dio e della redenzione dell'uomo*, in riv. CivCatt. (1988) II, pp. 440-452; J. RATZINGER, *Guardare al Crocifisso*, Jaca Book Ed., Milano 1992, pp. 43-61; T. CATTANEO, *Il centenario della consacrazione del genere umano al sacro Cuore*, in riv. CivCatt., (1999) II, pp. 439-449; C. A. BERNARD, *La spiritualità del cuore di Cristo*, Ed. Paoline, Cinisello B. (MI) 1989; PIO XII, *Lettera Enc. Hauritis aquas,* tip. Italo- Orientale S. Nilo, Grottaferrata 1956; D. CERVATO, *Don Giovanni Ciresola*, tip. Don Calabria, Verona 2003, pp. 104-113;

CHARLES ANDRE' BERNARD, *La spiritualità del cuore di Gesù*, Ed. San Paolo, Cinisello Balsamo (MI), 2015.

Pellegrinaggi, Via Crucis, Via Lucis, Ora Santa e Ora della Misericordia

I pellegrinaggi

Gli antichi credevano nell'esistenza di più divinità. Immaginavano che esse fossero corporee, generassero altre divinità, si nutrissero di cibi prelibati, fossero immortali, abitassero prevalentemente nei cieli e soccorressero i propri devoti. Costruivano altari sulle cime delle torri come pure sui rilievi dei colli e dei monti e li dedicavano a loro. Organizzavano dei pellegrinaggi e salivano sugli altari, per avvicinarle e venerarle. Vi compivano anche dei riti d'imitazione e le supplicavano, per ricevere da loro libertà, sicurezza, salute e longevità. Non dubitavano sulla loro sussistenza, né si accorgevano di percorrere una via corrompente e umiliante.

Gli ebrei si distinguono dai loro coetanei idolatri. Credono nella reale esistenza, trascendenza e sovranità di Do. Lo adorano, lo supplicano e si lasciano guidare da lui. Non conoscendo il suo progetto, tribolano parecchio, per capire che egli li conduce al raggiungimento di un buon fine. Nelle difficoltà spesso si preoccupano, si lamentano, s'incupiscono e perdono la speranza dei loro aneliti. Ricordiamo alcune persone, che si distinsero nel loro peregrinare.

Abramo, primo padre nella fede, obbedisce a Dio che gli ordina di emigrare. Lascia la famiglia, i possedimenti, il paese, la patria e il politeismo. Si mette in cammino verso un luogo sconosciuto. Si sposta continuamente assieme alla moglie Sara, al nipote Lot e alla servitù. Arrivato nel Canaan, si ferma nel deserto del Negheb. In un momento carestia riparte e scende in Egitto, per trovare un luogo, adatto al pascolo. Per avviare buone relazioni con il faraone, gli consegna la giovane moglie, dicendo che è sua sorella. Lo imbroglia, perché è di facili costumi (Gn 12). Vi rimane poco tempo e quindi ritorna nel Negheb, il luogo che Dio gli ha indicato. Erige la tenda presso Hebron (Gn 13,1-3.18) e aspetta che si adempiano le promesse divine (Gn 15).

Passano alcuni anni e Abramo costata che Dio ha realizzato il giuramento di donargli la terra e la discendenza. Trascorre dunque un tratto di tempo sereno, ma gli arriva una prova più dolorosa delle precedenti. Dio gli ordina di sacrificargli Isacco, il figlio del riso. Senza comprenderne la ragione, Abramo accondiscende alla disposizione divina. Preparato l'occorrente per il rito, sale sul monte Moria. Quando tutto è pronto per l'olocausto, Dio interviene nuovamente. Impedisce ad Abramo di uccidere il figlio e di offrirglielo. Egli disapprova l'offerta dei sacrifici umani, perché vuole la vita e non la morte dei suoi figli. Superata la prova, Abramo ritorna nel luogo di partenza. Si traferisce poi a Bersabea (Gn 22,1-19), dove termina il suo pellegrinaggio terreno e viene sepolto nella grotta di Macpela, presso Hebron (Gn 25,7-11). Nella professione di fede gli ebrei riconosceranno che egli credeva in Dio e si era lasciato guidare da lui (Dt 26,5).

Mosè della famiglia di Levi trascorre l'infanzia e la giovinezza nella reggia del faraone, ove riceve una raffinata educazione (Es 2,9-10). Desiderando conoscere i suoi consanguinei, sottoposti ai lavori forzati, va a trovarli. Un giorno vede un Egiziano, che colpisce un Ebreo. Egli decide di uccidere lo spietato. Per evitare quindi la vendetta degli egiziani, fugge nella terra di Madian. Qui non pensa più ai lamenti dei fratelli oppressi. Inizia un nuovo tipo di vita: sposa Zippora, la figlia del sacerdote Jetro e pascola il gregge del suocero (Es 2,11-22).

Mentre si trova nella pacifica solitudine del deserto, Dio lo attrae da un roveto ardente, gli rivela il suo nome, gli ordina di ritornare in Egitto e gli assicura che lo accompagnerà nell'ardua impresa di liberare gli ebrei dalla condizione servile. Mosè cerca scusanti, ma poi lo ascolta e si rimette in viaggio (Es 3,1-20).

Disceso in Egitto, Mosè si presenta al faraone e lotta contro di lui, indisposto a lasciar partire gli ebrei (Es 5,1ss). Vinta la sua ostinata arroganza, raduna gli ebrei e li guida verso l'acquisto della libertà. Nel deserto tribola parecchio, per educare questo povero popolo a osservare le norme dell'alleanza, procurargli l'indispensabile sostentamento, proteggerlo dai pericoli mortali, difenderlo dagli assaliti dei predoni, infondergli speranza nella fedeltà di Dio, condurlo fino al confine della terra promessa e sedare le irragionevoli ribellioni (Es 15,22ss). Terminato faticoso viaggio, si ritira sulla montagna del Nebo e dall'alta cima guarda il territorio, che le tribù d'Israele stanno per occupare (Dt 34,1-4). Vecchio ed esausto, raccomanda di osservare gli impegni dell'alleanza, che Dio ha stipulato con loro ai piedi del Sinai (Dt 3,18-29). Termina così la sua missione liberatrice e il suo corpo è sepolto in un luogo di cui si sono perdute le tracce (Dt 34,5-10).

Samuele, figlio di Anna e di Elkana, nasce a Rama (1 Sam 1,19-20). Cresce in un periodo di decadenza morale e di vendette tribali. Durante l'adolescenza i suoi genitori lo conducono nel tempio di Silo, dove vanno a pregare tutti gli anni (1Sam 1,3). Qui egli impara dal sacerdote Eli ad ascoltare la Parola di Dio Acquista così autorità, diviene profeta, giudice, capo guerriero, intercessore e creatore di re (1 Sam 3). Infatti, consacra Saul come sovrano del popolo d'Israele (1 Sam 9,25-27; 10,1). Poi si accorge di aver scelto la persona inadatta per il governo centrale. Discende quindi a Betlemme e unge re, Davide, giovane pastore (1 Sam 16,1-13). Si reca sovente nei santuari, custodi di una rivelazione divina o della provvisoria sede dell'Arca santa. Chiede al popolo di conservare l'unità nazionale, di perseverare nell'osservanza dell'alleanza con Dio e di rifiutare il culto ai Baal e alle Astarti, principali divinità dei Filistei (1 Sam 7,2-6). A Rama termina il suo continuo pellegrinare e lì viene sepolto (1 Sam 25,1).

Il profeta Elia vive alla presenza di Dio. Percepisce che egli lo ama, lo attira a sé e gli parla con chiarezza. Non si vanta di meriti particolari. Si rifugia unicamente in Dio, ne esegue gli ordini e lotta eroicamente contro gli idolatri, per distoglierli dai loro errori cultuali. Minacciato dal re Acab, riceve da Dio il comando di ritirarsi e di nascondersi nel torrente Cherit. Elia obbedisce e incomincia una storia di spostamenti in cui patisce la fame, il dissenso, l'esclusione, l'isolamento e la debolezza. Trascorre un periodo simile a quello degli ebrei, pellegrini nel deserto (1 Re 17,1-6). Intollerante dell'idolatria, con un piccolo gruppo di persone sale sul monte Carmelo, dove sfida i profeti di Baal e di Asera. Riesce a vincerli e sconvolgerli con un prodigioso intervento di Dio. Impreparato a essere misericordioso con loro, ne ordina l'uccisione (1 Re 18,4-40). L'idolatra Gezabele, moglie di Acab, si sente offesa e minaccia di ucciderlo. Elia s'impaurisce e fugge dal territorio d'Israele. Dopo un giorno di logorante cammino e di delusione, si corica sotto un ginepro. Come aveva fatto Mosè di fronte alle difficoltà del deserto (Es 32,32), così egli implora Dio di prenderlo con sé. Riprese le energie con il cibo e il riposo, continua il percorso. Arriva sull'Oreb, il luogo montagnoso del Sinai, della rivelazione divina e dell'alleanza con il popolo eletto. Nel segno di un soffio leggero avverte che Dio gli parla, gli ordina di ritornare in Israele, di riprendere l'attività profetica, di avvicinare le persone e di perdonare le loro colpe. Trasformato nell'intimo, Elia riprende il cammino di ritorno e in Israele svolge la missione profetica, assumendo un atteggiamento mite e paziente (1 Re 19,1-21). Dimostra alla gente che non è più l'uomo irruento del monte Carmelo, ma la persona buona e misericordiosa. Giunta l'ora del suo decesso, si trasferisce nel Giordano, dove gli ebrei entrarono nella terra promessa. Qui egli termina la sua testimonianza di fede e accede alla gloria di Dio (2 Re 1-18).

Nel periodo dell'occupazione del Canaan e della monarchia gli ebrei si recano nei santuari delle teofanie e della dimora provvisoria dell'Arca santa. Si dirigono in queste località, per incontrare l'unico Dio e per affidarsi al suo aiuto. A volte mescolano il culto a Dio, che li ha eletti a servirlo con i riti dei popoli vicini. Non sanno cogliere la differenza abissale tra il Dio dei loro padri e le divinità straniere, opera della fantasia umana e degli inganni demoniaci. I profeti li rimproverano, perché essi credono di trovare dei vantaggi, aderendo ai culti idolatri, mentre non si accorgono s'immettersi nella magia, nell'illusione e nella schiavitù. Li invitano quindi a riprendere il culto al vero Dio e il retto comportamento con il prossimo. Per impedire le fallimentari defezioni, il re Giosia organizza e centralizza il culto ebraico nel tempio di Gerusalemme. Chiede a tutte le tribù d'Israele di partecipare alle feste nazionali, dove possono conservare l'unità della fede e dei costumi. Nelle solenni ricorrenze la maggioranza del popolo si adegua alla riforma del re. Si reca a Gerusalemme, partecipa alle liturgie del tempio: ascolta la lettura e la spiegazione della Parola di Dio, salmeggia e presenta ai sacerdoti le sue offerte (2 Re c. 23). Dopo il rientro degli esiliati babilonesi, il popolo rafforza l'unità di fede, conservando l'osservanza dei pellegrinaggi alla Città santa. Tuttavia persistono alcune pratiche idolatre. I fedeli alla tradizione giudaica le disprezzano e condannano, perché esse producono stoltezza, inganno, deviazione e morte (Sap 13,1ss).

Fin dalla fanciullezza Gesù è educato dai suoi genitori ad andare a Gerusalemme, per intrattenersi con Dio, ravvivare la memoria delle sue opere e incrementare la speranza di ricevere da lui altri doni (Lc 2,41-43). Terminati i giorni di digiuno, di penitenza e di silenzio sull'alto monte della Giudea egli vince lo scontro con Satana, che tenta di deviarlo dal regno, progettato da Dio (Mt 4,8.9; Lc 4,5-8). Nel corso della vita pubblica si sposta nei villaggi dell'alta Galilea, vive da povero pellegrino e non ha un guanciale cui posare il capo (Lc 9,59). I suoi parenti pensano che sia impazzito, perché esce dagli schemi messianici dei rabbini e delude le loro attese. Tentano di bloccarlo e ricondurlo a Nazaret, senza riuscirci (Mc 3,20-21.31). Nel suo itinerario predilige salire sui colli, dove istruisce la gente, prega il Padre e mostra ai discepoli prediletti l'esito finale del suo percorso. Infatti, su un promontorio proclama le beatitudini, che inseriscono nella vita di Dio (Mt 8,1). Su un'altura trascorre qualche notte in preghiera (Lc 6,12). Si ritira su un monte, per impedire che la gente lo elegga re e se ne compiaccia (Gv 6,15). Conduce i tre discepoli Pietro, Giacomo e Giovanni su un alto monte, dove si trasfigura ed emana una luce sfolgorante, anticipo della sua meta finale (Mc 9,2.3). Ascende a Gerusalemme con i suoi discepoli, per partecipare alla festa annuale della dedicazione del tempio (Gv 19,22-23), della Pasqua (Gv 2,18; 12,13-15), della Pentecoste (Gv 5,1) e delle Tende (Gv 7,3.10). Prima di iniziare l'ultimo pellegrinaggio verso la Città santa, centro della fede giudaica, annuncia chiaramente ai suoi discepoli che realizzerà il regno di Dio, passando attraverso la sofferenza e la morte (Mc 8,31.32). Mentre si avvicinano i giorni della sua passione, aggrotta la faccia, certo d'incontrare a Gerusalemme il rifiuto, l'umiliazione e la condanna mortale (Lc 9,51).

Gesù propone agli apostoli di seguirlo e di soffrire con lui, per entrare nel regno di Dio (Mc 9.30.31). Essi non capiscono la sua proposta. La sera della passione confida a loro, che è venuto dal Padre e a lui ritorna. Verrà inoltre a prendere quelli che attendono con amore il dono della salvezza (Gv14,1ss). Termina il suo pellegrinaggio terreno sul Calvario. Appeso alla croce, sembra uno sconfitto ai crocifissori, ma al malfattore pentito si rivela l'amico, che introduce nel regno di Dio (Lc 23,43).

Dopo la risurrezione Gesù appare alle persone che l'hanno conosciuto e completa le istruzioni sul regno di Dio (Lc 24,25-31). In Galilea promette agli apostoli che li accompagnerà nel loro cammino di fede (Mt 28.16-20), In Giudea conduce i discepoli sul monte degli Ulivi, li benedice, si distacca da loro e ascende alla dimora di Dio (Lc 24,50.51; At 1,6-11).

Negli annunci pasquali gli apostoli attestano che Dio ha esaltato Gesù (At 2,36; At 5,31). Si reputano fortunati di averlo incontrato, ascoltato e seguito come lampada che brilla nell'oscurità (2 Pt 1,16-19). Visitano Gerusalemme, città della profezia, del martirio, della nuova alleanza, della risurrezione, del dono dello Spirito e della libertà (At 20,16). Sostano nei luoghi del passaggio di Gesù e degli incontri fraterni (Gal 2,1-10). Provano una grande gioia, contemplando la stupenda opera del Signore. Insegnano che i cristiani sono pellegrini penitenti e diretti verso la patria celeste (1 Pt 2,11; Eb 13,13).

I pellegrini cristiani a Gerusalemme

I cristiani di origine giudaica e gentile seguono il Signore, che li guida verso la patria eterna. Nei momenti più propizi si recano privatamente a Gerusalemme, che amano come i profeti e i giusti d'Israele. Procedono in modo anonimo e senza farsi notare, perché lo Stato romano non li riconosce come un'entità religiosa autonoma. Visitano i luoghi della passione, morte, sepoltura e apparizione di Gesù. Rinnovano la loro fede in lui che purifica, santifica e unisce a sé. Ritornano quindi alle loro abitazioni, contenti di quello che hanno visto, osservato, toccato e baciato.

L'imperatore Adriano non approva questi pellegrinaggi clandestini e decide di stroncarli, ordinando di erigere sul Golgota un'immagine di Venere e di innalzare sul sepolcro di Gesù una statua di Giove. Impone che le due celebri divinità romane siano anche lì conosciute, onorate e invocate. Nonostante il divieto dell'imperatore, il vescovo di Gerusalemme e i suoi collaboratori accompagnano in segreto i pellegrini sui vari luoghi del passaggio di Gesù. Mentre li guidano da un posto all'altro, chiedono a loro di rimanere fedeli al suo straordinario insegnamento.

All'inizio del quarto secolo cessa il divieto dei riti anticristiani. L'imperatore Costantino I concede ai cristiani la libertà e stabilisce che in Israele siano edificati dei santuari commemorativi su Gesù. Affida la direzione dei lavori a sua madre, Elena, che attua il progetto del figlio. Costruiti gli edifici di culto, la chiesa locale incrementa le celebrazioni liturgiche, le processioni e i pellegrinaggi. I cristiani d'ogni rango sociale, specialmente principi, monaci e poveri, favoriti dalle efficienti reti stradali dell'impero romano e dalle crescenti flotte marittime, lasciano le loro abitazioni e si dirigono in Terra santa.

Accompagnati da guide preparate, i pellegrini gioiscono vedere i luoghi santificati da Gesù e dai suoi primi discepoli. Visitano con entusiasmo la Galilea, la Samaria, la Giudea e qualche altra località. Durante il viaggio si sottopongono a volontarie penitenze. Alcuni portano sulle spalle una pesante croce e procedono sotto il cocente sole. Si espongono a logoranti fatiche, per purificarsi, approfondire i contenuti della propria fede e darne una convincente testimonianza. Sostano prevalentemente nelle basiliche di Gerusalemme, ornate di marmi, di gemme, di ori e di fiori. Adempiono i loro voti e devozioni con vibrante emozione. Aprono il loro cuore al Signore, lo invocano e si affidano a lui. Riflettono anche su qualche sua parola e sugli impegni della vocazione battesimale. Guardano e baciano i luoghi, che egli ha consacrato con il suo passaggio. Prendono inoltre qualche appunto per conservare il ricordo delle loro impressioni. Ritornano poi nel paese d'origine, soddisfatti di non aver faticato invano. Nel IV secolo dei pellegrini europei attraversano il mare Mediterraneo su una nave e arrivano a Gerusalemme. Uno di loro su una lastra marmorea del Santo Sepolcro incide una barca a remi con l'albero rovesciato. Alludendo al salmo 122,1, con un colore rosso scrive sotto l'intaglio: "*Domine, ivimus*" (Signore, siamo venuti)[80]. Abbiamo adempiuto il nostro desiderio di incontrarti nei segni che tu ci hai lasciato, per fortificare la nostra speranza in te, senza la quale la nostra vita non ha promettenti prospettive.

Qualche pellegrino protrae la permanenza nei paraggi della Città santa, per partecipare alle celebrazioni liturgiche della chiesa madre e ampliare la meditazione sugli ultimi insegnamenti di Gesù. San Girolamo precisa nell'elogio funebre della monaca romana, santa Paola, che si era stabilita a Betlemme: «*Fece il giro di tutti quei luoghi con tale ardore e impegno, che se non fosse stato che non le restavano altri luoghi da visitare, non ce l'avrebbe fatta a staccarsi dai primi. Davanti alla Croce si buttò a terra, e vi adorò il Signore*; *era come se ve lo vedesse appeso. Entrata poi nel sepolcro delle Resurrezione, continuava a baciare la pietra che l'angelo aveva rimosso dall'apertura della tomba, e sul punto esatto in cui era stato deposto il corpo del Signore vi passava sopra le labbra per la fede che sentiva, come un'assetata di fronte all'acqua sospirata*»[81].

Le comunità locali incrementano le loro strutture, per accogliere il crescente aumento dei pellegrini, aristocratici e popolani. Procurano ai viandanti alloggio, acqua, nutrimento e assistenza sanitaria. Esponendosi a diversi rischi, li difendono dagli agguati del brigantaggio e da altri pericoli.

Le nuove amministrazioni politiche limitano l'afflusso dei pellegrini e mutano gradualmente gli insediamenti urbani. Nel 614 i Persiani di Cosroe II occupano Gerusalemme e saccheggiano sia il Calvario sia il Santo Sepolcro. Nel 638 i musulmani, guidati dal Califfo Omar, sconfiggono i Persiani, s'impadroniscono della Città Santa, vi avviano una pacifica intesa con i cristiani ed evitano di ostacolare i pellegrini, perché sono una cospicua risorsa economica. Poi cambiano strategia e passano a iniziative aggressive. Assalgono le chiese e i monasteri restaurati. Massacrano i laici, i preti, i monaci e i pellegrini.

Nel 1009 il califfo, Tariqu al-Hakim dei Fatimiti d'Egitto, assolutizza la professione di fede musulmana. Perseguita i cristiani e gli ebrei, che rifiutano di passare all'islam. Per identificarli, li obbliga di indossare un vestito distinto dagli altri e costringe i cristiani di appendere al collo una croce di legno. Vieta i pellegrinaggi in Palestina e proibisce le celebrazioni liturgiche. Autorizza la demolizione delle chiese in quel territorio e a Gerusalemme è persino distrutta la basilica, che ingloba il Calvario e la rotonda del Santo Sepolcro. Gli europei non tollerano il nuovo corso politico. Organizzano le guerre episodiche e stagionali, per ridare la libertà ai cristiani, ridotti una presenza, sempre più esigua. Nel 1020 rioccupano il territorio, preso dai mussulmani. Nel 1042 iniziano i lavori di ricostruzione della basilica gerosolimitana, centro dell'amore di Dio per l'umanità e simbolo delle realtà celesti[82]. Spinti dalla propaganda orale e dalla brama di prepararsi all'accesso del Paradiso, molti cristiani riprendono il pellegrinaggio verso Gerusalemme. Per farsi riconoscere, indossano la caratteristica divisa dei pellegrini e prima di partire si sottopongono a un rito di penitenza. Arrivati sulle sponde della terra desiderata, trovano i religiosi dell'Ordine Equestre del Santo Sepolcro come pure i Templari e gli Ospedalieri di san Giovanni, dediti all'accompagnamento e alla difesa dei viandanti. Di sosta in sosta ascoltano le letture, che evocano un passaggio o un insegnamento di Gesù. All'ascolto alternano tratti di silenzio, di preghiera e di canto. Dopo aver pellegrinato nei luoghi della rivelazione di Dio, ritornano entusiasti in patria, portando con sé dei ricordini, ossia indumenti locali, medaglie, statuette, oggetti devozionali, bottiglie d'acqua, anfore, vasetti di terra e altro[83].

Nel 1187 il Califfo Saladino vince gli europei, riprende la Terra Santa e impone leggi anticristiane. Nel nome di Dio ordina di decapitare i Templari e gli Ospedalieri catturati. Permette di distruggere le croci dei luoghi sacri e di trasformare le chiese in moschee. Vieta ai cristiani il culto pubblico e addossa a loro alte tasse. Per garantirsi un conveniente tenore di vita, molti cristiani emigrano nei paesi accoglienti, altri rinnegano Gesù Cristo e passano all'islam. Chi rimane sotto governo del Califfo e persevera nella fede cristiana, conosce lo sfruttamento, la povertà, la perdita dei diritti civili e l'emarginazione. Gli resta solo la modesta difesa dei vescovi, dei presbiteri e degli abati locali[84]. Durante un armistizio tra cristiani e musulmani i Francescani si recano a Gerusalemme e fondano la prima comunità, cui seguono le altre del Medioriente. Favoriti dalla diplomazia, nel 1342 ottengono l'erezione canonica della Custodia della Terra Santa e il permesso di promuovere il culto dei luoghi sacri.

I pellegrinaggi a Gerusalemme diventano tuttavia pressoché ardui e rari. I Francescani trovano una soluzione a questo problema, Erigono in Europa delle cappelle commemorative sulle soste della vita, della passione, della morte, della sepoltura e delle apparizioni di Gesù. Agli edifici conferiscono talora una struttura architettonica simile a quelli della Palestina, Ornano anche le cappelle con sculture e pitture, che rispecchiano la pietà barocca, i drammi liturgici della Settimana Santa e gli spettacolari teatri sacri[85] .

Nel Medioevo è molto diffusa la pietà cristocentrica e in varie zone d'Europa s'inizia a riprodurre la struttura architettonica della chiesa del Santo Sepolcro, per facilitare la devozione dei cristiani, che non possono andare a Gerusalemme, impediti dagli impegni quotidiani, dalle risorse finanziarie e dal libero spostamento. Per quanto ci riguarda, il francescano, Bernardino Caimi, scaduto l'incarico di custode della Terra Santa, ritorna in Italia. Con i migliori architetti e artisti locali progetta di costruire su un'altura di Varallo Sesia (VC) un modellino originale di Gerusalemme. Ottenuti i permessi dalle autorità, nel 1486 incomincia i lavori, che saranno completati nell'arco di due secoli. Pertanto il suo iniziale progetto sarà trasformato in un percorso di devota preghiera, Le cappelle con affreschi di grandezza naturale e con le statue di legno o di terracotta sono un autentico capolavoro di cultura, di arte, di costumi e di pietà medioevale. Le immagini policrome suscitano un sentimento di ammirazione e invitano a implorare la misericordia del Signore. Migliaia di persone d'ogni ceto sociale salgono in processione sulla verdeggiante altura. Sostano a ogni cappella e meditano i misteri principali della nostra fede. Ritornano quindi alle loro case intimamente trasformate. San Carlo Borromeo, illustre pellegrino e promotore del culto alla Passione del Signore, si reca sul Sacro Monte nel 1578 e nel 1584. Commemorando il IV centenario della sua morte, anche Giovanni Paolo II il 3 novembre 1984 visita il Sacro Monte di Varallo.

Il francescano p. Tommaso da Firenze imita il confratello Bernardino Caimi. Per irrobustire la fede dei cristiani nel 1500-1515 erige il Sacro Monte di San Vivaldo in Valdelsa (FI). Le cappelle, da lui ordinate, evocano la passione del Signore e si conservano pressoché inalterate.

Per attuare gli orientamenti del concilio di Trento (1545-1563) i cattolici europei edificano i Calvari sui loro monti. Mossi dalla spiritualità francescana, creano dei percorsi devozionali, che conducono a un santuario, dedicato alla passione del Signore. Ai lati del tragitto erigono dei sacelli, che evocano il suo ultimo cammino. Molti pellegrini da soli o in gruppo, mentre si avvicinano al Calvario prescelto, meditano gli episodi della passione di Gesù, rinnovano la fede sul suo dominio universale e gli chiedono di essere liberati dai loro peccati.

Negli ultimi due secoli riprendono i pellegrinaggi a Gerusalemme, grazie ai confortevoli e rapidi trasporti. I cristiani scelgono l'andata in Terra Santa, per vedere i luoghi della residenza e del passaggio di Gesù come anche per approfondire i tradizionali aspetti della chiesa madre. Negli anni recenti i pellegrinaggi sono diminuiti per le guerriglie, i frequenti attentati e la diminuzione della fede nel Signore. I cristiani del continente europeo e americano non hanno un grande desiderio di visitare i luoghi di Gesù. Non bramano prendere un contatto con la Terra Santa e in particolare osservare la roccia dove Gesù fu crocefisso e i resti del suo letto funebre. Restano estranei alla convinzione di ricavarne un profitto spirituale. Preferiscono dirigersi su mete turistiche e piacevoli. I cristiani asiatici invece non temono il rischio di qualche imprevisto. Appena possono, accedono a Gerusalemme,

Il nostro pellegrinaggio terreno, denso di oscurità e di luci, d'insicurezze e di certezze, termina con la morte. Non siamo soli nel nostro lungimirante cammino, ma accompagnati dal Risorto. Papa Francesco c'invita a sentirci pellegrini, che rialzano chi è caduto, ne condividono la debolezza, promuovono la pace nel mondo e perseverano nella direzione intrapresa[86].

Le prime meditazioni sulla Via Crucis

La Via Crucis è una forma di pietà popolare molto diffusa. Proviene dall'intreccio di secolari meditazioni, esperienze, aneliti, invenzioni, proposte e modifiche. Agli inizi del secondo millennio gli europei del nord ovest edificano dei sacelli artistici, che nel loro interno rappresentano le tappe dolorose dell'ultimo cammino del Signore. I monaci incominciano a contemplare in quadri distinti la passione del Signore. Avviano un legame affettivo a patologico con lui, Incrementano le pratiche di pietà e le devozioni personali, componendo dei manuali di meditazione e di preghiera. Educano il popolo a irrobustire la fede, la speranza e la carità.

San Bernardo di Chiaravalle, rinnovatore del monachesimo benedettino, è un promotore della devozione alla passione del Signore. Nella predicazione e negli scritti suscita sentimenti di compassione verso Gesù sofferente ed esorta a visitare i luoghi dove egli è vissuto e ha sofferto. San Francesco d'Assisi, conformatosi a Gesù crocifisso, educa i suoi religiosi a concentrarsi sulla sua passione, Nel suo viaggio in Egitto forse riesce a sostare a Gerusalemme. San Bonaventura, quarto successore di Francesco, basa i suoi scritti sulla passione di Gesù e sulla necessità di unirsi alle sue sofferenze. Nel 1294 Ricoldus di Monte Crucis, religioso domenicano, descrive le stazioni della Via Dolorosa e la sua salita al Santo Sepolcro. Enrico Susone, maestro di mistica, compone delle meditazioni sul percorso che Gesù ha compiuto dall'ultima cena alla crocifissione.

Ludolfo di Sassonia, superiore certosino e grande intellettuale, scrive un libro sulla Vita di Gesù Cristo, dove si sofferma sulle varie tappe che egli ha percorso dall'Incarnazione alla Pasqua. Ne evidenzia il chiaro insegnamento e l'inconfondibile esempio. Senza ambiguità deplora le molteplici defezioni dei cristiani e suscita il desiderio di imitarlo, per mantenere una proficua comunione con lui. Termina il suo meditativo componimento con una preghiera di convinta adesione e di fiducioso abbandono. Dopo aver letto l'affascinante libro, Ignazio di Loyola prende un'importante decisione: stabilisce di rinunciare alle attrattive mondane e di aderire pienamente a Gesù, signore della nostra storia.

Il domenicano, beato Alvaro di Cordova, ritornato in patria dalla Terra Santa, nel 1420 fa erigere otto cappelle in Escalaceli, per commemorare l'agonia, la cattura, la flagellazione, l'incoronazione di spine, l'*ecce homo*, l'imposizione della croce, la crocifissione e la deposizione di Gesù. Il carmelitano fiammingo, Jean van Pashen (+ 1532) elabora un pellegrinaggio mentale di 365 giorni, Compone anche una *Via Crucis* con 14 stazioni e vi inserisce le preghiere, che si facevano nella Via dolorosa di Gerusalemme. Un altro fiammingo, Cristhian Cruys (+1585) introduce i soggetti delle prime dodici stazioni e riduce a tre le cadute di Gesù, mentre uno schema anteriore n'elencava sette, corrispondenti alla ripartizione delle Ore canoniche del Breviario medievale.

I francescani sono i maggiori artefici e diffusori della Via Crucis, che nel 1333 iniziano il loro servizio nel Santo Sepolcro e nel Cenacolo. Collocano le singole stazioni lungo il tragitto, che collega la Fortezza Antonia alla basilica del Calvario e del Santo Sepolcro. A ogni stazione pongono delle sculture, che evocano le approssimative soste di Gesù. Durante il percorso pregano e a ogni stazione insegnano che il Signore chiede a tutti di uscire dalle loro sicurezze e di camminare verso il Regno celeste.

Il francescano Antonio de Aranda nel 1563 attesta che a Gerusalemme i Frati Minori praticano la Via Crucis ogni venerdì. Pertanto rendono popolare questa pratica che evoca una situazione, un incontro, un'espressione, un atteggiamento e una sofferenza di Gesù.

Nel 1626 Antonio Daza, francescano spagnolo, riduce a tre il numero delle cadute di Gesù e stabilisce che le stazioni siano quattordici. Inoltre dispone che i suoi religiosi, terminata la celebrazione dei Vesperi, compiano la Via Crucis. Il francescano, Giuseppe Gavarri, scrive alcuni opuscoli, per diffonderne il metodo. Altri religiosi dell'Ordine pubblicano delle guide, nelle quali consigliano di recitare, tra una stazione e l'altra, un salmo o un Padre nostro. Nel 1731 il papa, Clemente XII, approva questa pia devozione, diffusa tra i cattolici. Ne determina il luogo, il tempo e le norme più opportune per eseguirla. Concede anche un'indulgenza a chi la compie. Egli stesso la presiede nella notte del Venerdì Santo. Nel 1741 il papa, Benedetto XIV, conferma le disposizioni del suo predecessore e prescrive che all'interno delle chiese si pongano i quadri, che raffigurano l'ultimo cammino di Gesù[87].

La Via Crucis negli ultimi secoli

San Leonardo da Porto Maurizio (1676-1751), predicatore di tridui, novene e missioni, è il più insigne propagatore della *Via Crucis*. All'inizio della pia pratica chiede ai presenti di riconoscere le loro colpe, di pentirsene, di rivolgersi al Signore e di affidarsi al suo perdono. Prosegue il devoto esercizio, inserendo a ogni stazione dei canti, invocazioni, illustrazioni, fervorini, esortazioni, applicazioni morali e silenzi. Scrive degli opuscoli nei quali dispone il popolo a seguire mentalmente l'ultimo cammino di Gesù, per meditare sulle sue sofferenze, scoprire gli effetti drammatici dei propri peccati, chiederne perdono a Dio e intraprendere un cammino di vera dedizione al prossimo. Consiglia i confessori di insegnare ai penitenti la *Via Crucis*, perché essa porta alle perfezioni di Dio. Ogni giorno ripete in privato questo devoto esercizio, per prepararsi o per finire la celebrazione eucaristica. Termina le missioni popolari con una *Via Crucis* solenne, nella quale commenta le singole stazioni e sollecita il popolo a imitare la bontà del Signore. Conferisce a questo esercizio una dimensione molto emotiva e teatrale. Egli stesso s'identifica nel ruolo di Gesù, cingendosi il capo di spine e portando una pesante croce[88]. Asserisce che questa pratica è la regina di tutte le devozioni, la difesa della fede, il rimedio al peccato, il modo migliore per accogliere la grazia di Dio, lo strumento per esercitarsi nelle varie forme di preghiera e la scala che collega al Paradiso. Istituisce l'Arciconfraternita degli Amanti di Gesù e di Maria al Calvario, cui affida la mansione di impegnarsi nell'esercizio della Via Crucis.

Nell'incontro con i prelati, i presbiteri e i frati minori Leonardo asserisce che la *Via Crucis* è un mezzo indispensabile, per distogliere dai vizi capitali e per sollecitare una vera conversione al Signore. Infatti, dichiara: «*Vedranno subito innalzato un grand'argine per riparare una piena sì esorbitante di vizi… Che bei lumi arrecherà all'intelletto, che fervori alla volontà, che compunzione al cuore il pensare frequentemente alla Passione amarissima del Figlio di Dio! Ve ne do per maestra l'esperienza, la quale tutto giorno mi fa toccar con mano che in que' popoli, appresso cui si è introdotto questo santo esercizio, si è subito veduta una nobilissima mutazione di costumi*»[89]. In un altro incontro afferma: «*Dite pure, dite che la Via Crucis è una miniera doviziosa, da cui a pro dei popoli si cavano immensi beni.* (Essa) *giova ai giusti, giova ai peccatori, giova ai vivi, giova ai morti, giova nel tempo, in* nte l'apostolato itinerante egli lotta contro quei tali che si oppongono al suo metodo apostolico. Erige 572 *Via Crucis* nelle chiese parrocchiali, senza contare quelle inaugurate negli oratori del suo Ordine. Corrispondendo alla petizione di Benedetto XIV, papa francescano, durante l'Anno Santo del 1750 fa costruire e apre la più celebre *Via Crucis* all'interno del Colosseo[90]. Pertanto alcuni cristiani si recano nell'anfiteatro romano. Da soli o con altri volenterosi vi compiono il pio e raccomandato esercizio.

San Paolo della Croce, contemporaneo di Leonardo, dimostra di confidare in Gesù, che si è sacrificato per l'umanità. Nei corsi di predicazione insegna al clero, ai religiosi e ai fedeli laici come conviene meditarne la passione. Educa tutti a intrattenersi con lui, a reputarlo il massimo bene e a prendere in considerazione le sue molteplici sofferenze. Sollecita ognuno a seguirlo e imitarlo, per esserne una memoria vivente. Stabilisce che a ogni venerdì nelle comunità passioniste come pure nelle missioni popolari si compia il semplice esercizio della Via Crucis, per penetrare nella terribile morte di Gesù, percepirne il significato fondamentale e mettersi nella direzione che parta a condividere le afflizioni dei fratelli.

Il pio esercizio, propagato dai Francescani e da alcune Congregazioni o Associazioni religiose, ma irriso da qualche fazioso anticonformista, ha una straordinaria diffusione nella Chiesa cattolica e ha un grande influsso spirituale nel popolo. Eseguito con calma e concentrazione sia a livello personale sia a dimensione comunitaria ravviva le virtù teologali, suscita proposte di preghiera; muove a compatire i fratelli sofferenti, converte i cuori, apre lo spirito all'inesauribile grazia di Dio e ricorda a ognuno di essere un viandante, proteso verso la patria comune. Si snoda all'aperto o all'interno delle chiese cattoliche, dove sono esposti i quadri delle distinte stazioni. Accompagnato dall'ascolto della parola di Dio, dalle pause di silenzio, dalla riflessione, dalle invocazioni e dal canto, ottiene effetti piacevoli.

La *Via Crucis* non ha un orario fisso. Si può svolgere in una qualsiasi ora del giorno e in qualsiasi tempo dell'anno liturgico. Tuttavia gli specialisti nelle devozionali consigliano di compierla in Quaresima, nei giorni di venerdì o in quelli penitenziali. Esortano che a ogni stazione si legga un testo biblico, s'inserisca una meditazione e si consenta la recita di preghiere, che toccano le persone.

Escludono di attenersi a uno schema rigido pari alle formule sacramentali. Lasciano bensì la possibilità di modificare, di cambiare, di adattare, di diminuire o di modificare quest'esercizio secondo le singole esigenze. Propongono di mantenere le stazioni bibliche, perché esse facilitano la concreta riflessione su un episodio realmente accaduto.

Nel 1964 Paolo VI, prosecutore del Concilio Ecumenico Vaticano II e difensore della fede apostolica, riprende la Via Crucis al Colosseo, conferendovi un solenne impulso. Alle ore 21 del Venerdì Santo si reca in quest'antico monumento e ne presiede lo svolgimento, cui partecipa la folla con le candele accese. Vi ritorna ogni anno alla medesima ora e a ogni stazione un incaricato legge una meditazione, tratta dagli scritti di un santo. Giovanni Paolo II e Benedetto XVI mantengono l'opportuna iniziativa di Paolo VI. Affidano la composizione delle meditazioni e delle preghiere ai cardinali, ai vescovi, ai teologi e ai letterati. L'azienda Rai interviene, trasmettendo in mondovisione la completa sequenza delle preghiere, dei canti, delle letture, delle riflessioni e degli spostamenti stazionali.

I Carmelitani di Arenzano (Genova), che venerano una riproduzione della statuina del Bambino di Praga, donata dalla marchesa Delfina Gavotti di Savona, hanno introdotto di recente la *Via Crucis* del Bambino Gesù, il piccolo Re con un'ampia corona sul capo. Nelle stazioni di questa nuova devozione si soffermano sulle sofferenze del Divino Infante, sugli imbrogli culturali odierni e sui problemi sociali del nostro tempo. Denunciano le diaboliche insidie della cultura odierna. In particolare condannano le ingenti spese, che sminuiscono le nascite dei concepiti. Deplorano il vasto fenomeno della violenza sui bambini, ignorata spesso da alcuni mezzi di comunicazione sociale. Denunciano le cause che generano la trascuratezza, il maltrattamento, lo sfruttamento, la segregazione, la sofferenza e la morte dei piccoli innocenti. Raccomandano di difendere il loro diritto di essere accolti, nutriti e protetti. Insistono sul bisogno di educare i minorenni a vivere nell'amore e di distoglierli dalla delinquenza, essendo sempre una ferita e una sconfitta. Chiedono di riconoscere nei piccoli la presenza di Dio e di affidarli alla sua bontà paterna. Esortano infine di mettersi sotto la protezione dell'infante Gesù e di esserne devoti come lo furono Teresa d'Avila, Teresa di Lissieux e altri santi. Nelle loro comunità religiose e in tante parrocchie, sparse nel mondo, diffondono questa devozione sull'infanzia sofferente di Gesù. Sono pertanto dei liberatori da molte afflizioni[91].

La Via Lucis

Nel 1985 il Rettore Maggiore dei Salesiani, Egidio Viganò, sollecita i suoi religiosi di comporre una devozione per i giovani. Chiede a loro di basarla sul gioioso carisma di san Giovanni Bosco. Don Sabino Palumbieri, docente d'antropologia filosofica alla Pontificia università salesiana, accoglie la domanda del Rettore Maggiore. Con la collaborazione dei colleghi di lavoro formula la *Via Lucis* (La Via della Luce) che è inaugurata da don Viganò durante il Capitolo generale del 1990. La nuova devozione ha una struttura per i bambini e un'altra per i giovani e gli adulti. Essa completa lo schema della *Via Crucis*. Conduce gli oranti sul cammino delle ultime tappe pasquali. Tocca la vocazione e la storia di ogni persona, evocando il passaggio di Gesù dall'umiliazione della morte all'eterna esaltazione. Comunica un'energia, che infonde bellezza, fascino e dignità all'esistenza, talora turbata da situazioni di disagio, di sfruttamento e di malattia. Si adatta ai giorni festivi, al periodo pasquale, alla conclusione di un pellegrinaggio e al termine di una celebrazione eucaristica.

Radicata e concentrata sull'evento pasquale, distoglie dalle dipendenze opprimenti e aiuta a percorrere il cammino spirituale, compiuto dai discepoli del Signore dal primo giorno della risurrezione alla solennità di Pentecoste. Don Sabino scrive: «*La strada di Cristo è la via crucis, che diventa, nell'amore e nell'approdo finale, via lucis*»[92].

I giovani o gli adulti si radunano in un luogo prestabilito. Si muniscono di una candela accesa. Si spostano unitamente da una a un'altra icona, che raffigura un evento pasquale. Passano brevemente in rassegna gli avvincenti racconti pasquali: il ritrovamento della tomba vota, l'annuncio angelico della risurrezione di Gesù, le apparizioni del Signore alle donne e ai discepoli, il riconoscimento della sua nuova presenza, l'elargizione del suo perdono, il conferimento del primato a Simon Pietro, la missione universale ai discepoli, l'ascensione al cielo e l'effusione dello Spirito Santo. Dopo l'ascolto di un passo evangelico, di un commento alla lettura scelta e di un'orazione propria, recitano il Padre nostro e cantano la preghiera del tempo pasquale: "Rallegrati, Vergine Madre, Cristo è risorto, Alleluia, Alleluia".

Ripetuto con frequenza, quest'esercizio di pietà distacca dagli inganni dei profitti monetari, dagli atteggiamenti orgogliosi e dalle illusioni di un tipo di cultura essenzialmente godereccia. Distoglie dalle sensazioni tenebrose, depressive e pessimiste dei sordi all'annuncio evangelico. Stimola a combattere le incoerenze personali, cariche di molteplici sfaccettature. Favorisce una conoscenza più ampia del cammino e dell'opera di Gesù. Sollecita la conversione a lui, che con la sua sofferenza vince il peccato, conduce al superamento dei propri limiti e cambia la storia dell'umanità. Educa a vivere nella felicità pasquale e infonde la speranza di pervenire alla gloria definitiva.

I salesiani compiono questa devozione nei tempi e nei luoghi indicati. Inoltre la diffondono nei loro movimenti laicali, nelle loro parrocchie, senza temere il dissenso di quelli che propendono per altre scelte impegnative. Perseverando nell'esercizio di questo nuovo metodo, ottengono un'adesione positiva nei santuari mariani, nelle comunità religiose, nelle associazioni ecclesiali e nei gruppi di preghiera di p. Pio da Pietrelcina[93]. Nel 2002 il Direttorio sulla Pietà popolare e sulla Liturgia approva la validità di questa devozione. Riconosce che essa non nasconde, né elimina il dramma della morte, neppure impone la resa degli affetti, bensì irrobustisce la speranza delle persone, evocando il gioioso evento pasquale. Invita, infatti, a guardarsi dagli adescamenti favolosi, dalle attrazioni spavalde e dai seducenti inganni. Raccomanda a non temere Dio, a desiderare un'unione più stabile con lui, ad affrontare dignitosamente le prove quotidiane e a perseverare nel cammino verso la patria definitiva. Esorta specialmente ognuno a sentirsi molto amato da Gesù, a percepirlo vicino e a fidarsi del suo solerte sostegno. Lo sollecita anche ad amare il prossimo, spesso vittima degli egoismi, delle prepotenze e delle angherie del materialismo militante.

L'Ora Santa

Gesù trascorre la vita terrena, attendendo di adempiere tutta la sua missione salvifica. Nell'ora prestabilita istituisce l'Eucaristia, agonizza nel Getsemani, si consegna nelle mani degli uomini, si lascia giudicare, accetta la pena di morte, sale sul Calvario, si sacrifica sull'albero della croce e rivela quando è incommensurabile l'amore di Dio. Nel IV secolo i cristiani di Gerusalemme commemorano gli eventi cronologici della passione del Signore. Nel pomeriggio del Giovedì Santo si radunano nel Cenacolo, dovie celebrano la messa dell'istituzione eucaristica. Terminata la celebrazione, escono dal Cenacolo, scendono al torrente Cedron, lo attraversano e ascendono sul Monte degli

Olivi. Nella ridiscesa sostano nelle chiese dell'Eleona e del Getsemani. Qui pregano, evocano e interiorizzano gli ultimi insegnamenti di Gesù. Riattraversano quindi il Cedron e salgono al Calvario, dove vegliano fino l'alba del Venerdì. I cristiani delle altre località, lontani dalla Città Santa, improntano la veglia del Giovedì Santo sull'esempio della comunità madre di Gerusalemme. Dopo la celebrazione eucaristica si concentrano sulla preghiera notturna di Gesù nel periodo della sua vita pubblica (Mt 14,23; Mc 6,46; Lc 6,12). Riflettono sui suoi insegnamenti, sulla sua agonia al Getsemani e sul suo ultimo cammino al Calvario. Attuano l'esortazione di Gesù ai discepoli: «*Vegliate e pregate per non cadere in tentazione*» (Mt 26,41). Conservano la divina Eucaristia nelle sacrestie e negli orari convenienti gli incaricati la portano agli infermi, pronti a riceverla.

Nel secolo XI c'è un cambiamento sulla conservazione dell'Eucaristia non consumata. I presbiteri la pongono in un tabernacolo all'interno della chiesa. Dispongono che si mantenga acceso un cero, per indicare la presenza reale di Gesù, cui aspetta la riverenza. Esortano i cristiani di riconoscerne la presenza nel tabernacolo e di compiere un atto di fede appena entrano in chiesa.

Accertato il miracolo eucaristico di Bolsena, il papa Urbano IV istituisce nel 1264 la festa del *Corpus Domini* (Corpo del Signore) da cui scaturisce un incremento cultuale al Santissimo. Le chiese locali solennizzano la messa mattutina del Giovedì Santo. Distribuita la comunione sacramentale, il presidente della celebrazione porta il Santissimo Sacramento in una cappella laterale della chiesa e lo depone in un tabernacolo. Tornato al luogo della presidenza, toglie le tovaglie dall'altare, per indicare che Gesù è stato spogliato delle sue vesti ed è rimasto nudo sulla croce. Chiude quindi l'azione liturgica con il congedo dell'assemblea. Si noti che in « *Alsazia e nei paesi renani la sera del Giovedì Santo le ostie venivano deposte in una raffigurazione di Cristo morto, nel posto del cuore, fino alla celebrazione pasquale*»[94].

Durante le ore pomeridiane alcuni fedeli ritornano nella chiesa e si dirigono nella cappella laterale, ornata di lumi, di fiori e di germogli di grano, simbolo della morte e risurrezione di Gesù (Gv 12,24). Sostano davanti al tabernacolo, lo fissano e lo chiamano impropriamente il sepolcro del Signore, perché è addobbato con panni scuri ed è circondato d'immagini di Cristo morto.

Riconoscono che il Signore è nelle Sacre Specie per accoglierli, nutrirli, unirli alla sua vita e impedire che scompaiano nel nulla. Lo adorano, lo benedicono e gli rendono gloria, riconoscendo che è il valore assoluto e il sommo bene. Lo ringraziano dei beni spirituali che ha elargito a loro e di averli chiamati al raggiungimento della felicità eterna. Riflettono alquanto sulla triste agonia al Getsemani ossia sulla solitudine di Gesù, sulla sua preghiera al Padre e sulla sua volontaria consegna nelle mani dei sequestranti. Si rammaricano d'averlo offeso nei fratelli deboli, indifesi e abbandonati dai potenti. Gliene chiedono perdono e gli promettono di assumere una condotta più evangelica. Inoltre intercedono per tutti i peccatori, perché si distacchino dalle loro idolatrie e dal loro brutale isolamento.

Nel secolo XVI la patica dell'adorazione eucaristica del Giovedì Santo decade a causa della Riforma protestante, ma non scompare completamente. Anzi qualche persona consacrata la difende, la estende a tutti i giorni dell'anno e v'inserisce un metodo di preghiera personale. Infatti, santa Teresa d'Avila scrive che ogni sera prima di addormentarsi, s'intrattiene in preghiera con Gesù agonizzante nell'Orto degli Ulivi: «*Fermarmi alquanto sull'orazione dell'orto era l'esercizio che praticavo, da vari anni, quasi tutte le sere prima di addormentarmi, quando mi raccomandavo a Dio, e ciò anche prima che divenissi monaca, perché mi avevano detto che si guadagnavano molte indulgenze. Sono convinta che con quest'esercizio la mia anima si sia molto avvantaggiata, perché cominciavo a fare orazione senza neppur sapere cosa fosse*»[95].

Spinti dalla controriforma tridentina, alcuni religiosi riprendono la devota adorazione del Giovedì santo, che è accompagnata da qualche evento mistico. Infatti, la carmelitana, santa Maria Maddalena De' Pazzi durante l'adorazione pomeridiana del 1585 perde improvvisamente i sensi, vede il Signore che si rivolge a lei, le ricorda gli episodi della sua dolorosa passione e la associa alle sue sofferenze. Nel 1673 santa Margherita Alacoque ha un'esperienza simile a Maddalena De Pazzi. Mentre sta odorando il Santissimo Sacramento, il Signore appare a lei tutto luminoso, la esorta a unirsi ogni giovedì sera alle sue sofferenze e a ripetere la supplica che egli rivolse al Padre, quando agonizzava nel Getsemani. Margherita obbedisce al Signore. Ogni giovedì alle ore 23 interrompe il sonno, si prostra per terra, s'immedesima nella drammatica agonia di Gesù e supplica il Padre celeste. Ripetendo per un'ora la preghiera del Figlio di Dio, impara ad amare di più, a intercedere per i peccatori e a espiare le loro colpe. Le suore del monastero e i religiosi di alcuni istituti imitano la fervente preghiera di Margherita Alacoque.

Nel 1828 il gesuita padre Debrosse fonda a Paray-le-Monial la confraternita dell'Ora Santa e le conferisce una dimensione riparatrice. Molte persone vi aderiscono, perché trovano in questa preghiera uno stimolo a unirsi alle sofferenze del Signore e a camminare verso la meta ultima della vita. Ogni giovedì sera pregano in privato o in pubblico, in casa o in chiesa. S'intrattengono un'ora con il Signore: lo adorano, gli elevano delle lodi e innalzano a lui delle invocazioni.

Santa Gemma Galgani apprende la pratica dell'Ora Santa, frequentando la scuola delle suore lucchesi di santa Zita, fondate dalla beata Elena Guerra. Ogni giovedì sera Gemma trascorre delle ore in preghiera davanti al crocefisso casalingo. Talora entra in estasi, partecipa attivamente all'agonia di Gesù e nei dialoghi con lui capisce la sua missione riparatrice. Lei stessa ce ne informa dettagliatamente: «*Il Giovedì sera cominciai per la prima volta a fare l'Ora Santa... mi sentivo ripiena di dolore de' miei peccati... Passai l'ora intera pregando e piangendo, stanca come ero, mi misi a sedere; il dolore continuava. Mi sentii poco dopo raccogliermi tutta, e dopo poco, quasi tutto ad un tempo, mi vennero a mancare le forze... mi trovai dinanzi a Gesù crocifisso allora allora... Ogni Giovedì continuavo l'Ora Santa, ma mi accadeva alle volte che quest'ora durasse fino anche circa le due, perché me ne stavo con Gesù, e quasi sempre mi faceva parte di quella tristezza che provò nell'Orto alla vista di tanti peccati miei e di tutto il mondo: una tristezza tale, che può paragonarsi all'agonia della morte*»[96].

Un biografo scrive che il servo di Dio, p. Leone Dehon (1843-1923) «*ogni giovedì faceva l'Ora Santa. Apriva il tabernacolo e rimaneva in ginocchio, con la cotta, tutta l'ora, malgrado la sua tarda età e lo stato di debolezza a causa delle privazioni della guerra*»[97]. I congressi eucaristici regionali e nazionali riconoscono la validità dell'Ora Santa. Ne raccomandano quindi la praticata, per conservare la fede nella presenza sacramentale del Signore e nella volontaria riparazione del peccato.

Nel 1928 Pio XI pubblica l'enciclica *Miserentissimus Redemptor* (Il Redentore pieno di compassione) in cui invita i cattolici a vegliare un'ora con Gesù, agonizzante nel Getsemani, per fortificarsi spiritualmente, vincere le tentazioni quotidiane e riparare i peccati dell'umanità. Nel 1933, anno straordinario della redenzione, incrementa la devozione dell'Ora Santa. Ogni giovedì sera scende nella basilica di San Pietro e prega per un'ora davanti alla reliquia della Santa Croce, custodita presso la cappella della Veronica.

Edith Stein, filosofa, insegnante, conferenziera e scrittrice, si converte al cattolicesimo, attratta dalle adorazioni eucaristiche. Il giovedì sera di passione del 1933, ansiosa di capire la sua vocazione, entra nella cappella carmelitana di Colonia e segue il solenne svolgimento dell'Ora Santa. In una mistica elevazione, chiede al Signore la grazia di unirsi più intensamente alle sue sofferenze e di portare la croce della dilagante persecuzione antiebraica. Dopo la breve preghiera ha l'intima sensazione che il Signore l'ha esaudita. Divenuta monaca, ogni giorno intercede per il suo popolo perseguitato. In una lettera confida appunto alla Madre Petra, sua superiora: «*È ai piedi della croce che ho capito il destino del popolo di Dio, che già si stava delineando*»[98]. Preparatasi all'ora del martirio, esorta i fratelli agonizzanti ad aver fiducia nella misericordia di Dio. Termina il suo cammino di immolazione, offrendo se stessa a lui. Con il suo sacrificio apporta salvezza al popolo d'Israele e alla Chiesa[99].

Oggi l'Ora Santa è perlopiù sconosciuta a molti cristiani. Ne sono quei pochi che rifiutano le vanità e s'interessano di rafforzare la loro comunione con il Signore. Qualche sacerdote la propone ai fedeli e la vivacizza con adeguate iniziative. Ne ottiene apprezzamenti, consensi, rallegramenti e testimonianze di un autentico cambiamento interiore. Chi, infatti, patica l'Ora Santa abbandona gli atteggiamenti superficiali, entra in sintonia con la preghiera amorosa, sacerdotale e sacrificale di Gesù. Impara a dialogare con lui e a presentargli i maggiori problemi degli uomini. Esce da questo intrattenimento rinnovato, fortificato e fiducioso. Custodisce in sé quello ha appreso di elevato e nobile. Zeppo di sentimenti misericordiosi entra nel vasto campo delle progettazioni e delle azioni. Senza ritrarsi ai pesanti affaticamenti, reca al pubblico una raggiante testimonianza di fede, risponde alle legittime aspirazioni della gente e ne difende i diritti. Mette sempre in atto le sue qualità, esperienze e convinzioni. Ogni giorno cerca di dare il suo contributo, per riparare, curare, redimere, provvedere, proteggere, indirizzare, confortare e incoraggiare qualsiasi persona. Offre a ognuno un riflesso del volto sofferente e glorioso di Gesù Cristo.

L'Ora della Divina Misericordia

Nel secolo scorso sorge un'altra forma di devozione popolare con caratteristiche simili all'Ora Santa. Suor Faustina Kowalska, appartenente alla Congregazione della Beata Vergine Maria della Misericordia, ama il pio esercizio dell'Ora Santa. Ogni giovedì pomeriggio contempla il Signore agonizzante nel Getsemani e ripete la fiduciosa supplica, che in quella sera egli rivolse al Padre.

Durante lo svolgimento della consueta preghiera Gesù si presenta a lei con gli stessi lineamenti, le stesse proporzioni e la medesima fisionomia, riscontrabile nella Sindone. Mostra alla suora polacca la mano destra alzata e benedicente, mentre con la sinistra tocca il suo petto, da cui emana un fascio di raggi rossi e azzurri, simbolo del suo amore ardente e trasformante. Chiede a Faustina di riprodurne l'immagine e di confidare totalmente nel suo cuore compassionevole. La incarica poi di diffondere l'Ora della Divina Misericordia, che consiste nella recita di una particolare Coroncina, nell'offerta al Padre delle proprie sofferenze e nella giaculatoria: *Gesù, confido in Te*. Inoltre le domanda che la seconda domenica di Pasqua sia dedicata a Dio misericordioso, attributo molto ricorrente nella Bibbia, nella patristica, nella teologia, negli atteggiamenti di pietà popolare e nella preghiera sia ebraica che cristiana. Egli confida all'umile suora: «*Voglio il culto alla Mia Misericordia da ogni creatura, ma prima di tutto da te, poiché a te ho fatto conoscere questo mistero nella maniera più profonda*»[100].

Faustina palpita d'amore per Gesù, che contempla sofferente e vivente presso il Padre. Accoglie il messaggio, che egli le ha comunicato nell'ora di preghiera. Attua la sua parola, che le infiamma il cuore. Si distacca dalle rassicuranti abitudini e, nonostante le difficoltà della sua debolezza, si mette nel posto giusto. S'impegna a eseguire quanto Gesù le ha chiesto. Guarda a lui e non si spaventa, Lo adora e lo invoca, sicura di non sbagliare nell'opera di liberazione dalle ingiustizie e dalle schiavitù umane.

Nel 1944 presso il santuario di Cracovia, Faustina inizia ufficialmente la preghiera alla Divina Misericordia. Ogni giovedì alle quindici recita la Coroncina, adora con fede il Signore, lo invoca con insistenza e intercede per la salvezza degli uomini. Senza rivendicare pretese di adesione alla sua iniziativa, invita al cambiamento le autorità religiose, chiamate a lasciarsi plasmare e rinnovare da Dio. Con il suo stile di vita esorta anche i regimi idolatri coevi ad abbandonare le assurde e affliggenti violenze. Ogni anno si prepara poi alla celebrazione della Divina Misericordia con una novena che collega il Venerdì Santo alla seconda domenica di Pasqua i cui il Vangelo presenta l'apparizione di Gesù a tutti gli apostoli, chiusi nel cenacolo (Gv 20,26-31). Grazie alla sua perseverante preghiera ottiene che i peccatori riconoscano le loro malignità, scoprano le radici dei loro errori, abbandonino le ideologie disumane, difendano i diritti degli oppressi, guariscano le grosse piaghe della società, suscitino sicurezza nel popolo e realizzino il progetto salvifico di Dio [101].

Giovanni Paolo II nasce, cresce e trascorre un lungo tratto di vita nella diocesi di suor Faustina. Nell'adolescenza apprende e pratica la devozione alla Divina Misericordia. Nel pio esercizio comprende la necessità di lasciarsi rinnovare quotidianamente dal Signore e affida se stesso alla sua bontà. Eletto papa, parla spesso della misericordia divina alla gente, che dimentica con rapidità gli eventi salvifici di Dio, trascura gli impegni principali del cristianesimo e irride chi si preoccupa di essere fedele all'insegnamento evangelico. Compie inattese richieste di perdono agli offesi dalle storiche, irrispettose e intransigenti pretese della Chiesa. Insiste sull'urgenza di rievangelizzare il popolo, che si è allontanato dal Signore. Nel 1980, terzo anno del suo pontificato, pubblica l'enciclica 'Dives in Misericordia' (Ricco di misericordia), dove riflette sull'ampio tema della misericordia divina, rivelata gradualmente nel vecchio Testamento, narrata da Gesù in alcune parabole (Lc 15,1ss) e resa visibile nella sua Pasqua. Infatti, scrive: «*Il Cristo pasquale è l'incarnazione definitiva della misericordia, il suo segno vivente*: *storico-salvifico ed insieme escatologico*» (V, 8). Più avanti asserisce che: «*la Chiesa deve considerare come uno dei suoi principali doveri --- quello di proclamare e introdurre nella vita il mistero della misericordia, rivelato in sommo grado in Gesù Cristo*» (VII,14). Giovanni Paolo II dispone quindi che la seconda domenica di Pasqua sia dedicata alla Divina Misericordia. Colpito dal morbo di Parkinson, ha evidenti disagi motori, ma persevera nel suo mistero petrino. Muore il 2 aprile 2005, mentre la Chiesa celebra il giorno della Divina Misericordia. Pertanto è beatificato e poi canonizzato nella stessa ricorrenza domenicale.

Il cardinale, Joseph Ratzinger, prefetto della Congregazione per la Dottrina della Fede, su incarico di Giovanni Paolo II dirige la stesura del poderoso Catechismo della Chiesa Cattolica. Nell'articolato volume, sintesi dell'insegnamento del concilio Vaticano II, Joseph menziona le opere di misericordia divina e ne precisa i contenuti spirituali e corporali (CCC 2447). Succeduto al defunto pontefice, prende il nome di Benedetto XVI e prosegue sulla stessa direzione del suo predecessore. Parla e scrive molto sul tema dell'evangelizzazione, della carità, della misericordia, dell'indifferenza religiosa e della secolarizzazione. Deplora con insistenza gli abusi, le viltà e le mancanze di misericordia.

Insegna che la misericordia, sottovalutata dai razionalisti e dagli atei, costituisce il più alto grado di umanità. Insiste sull'urgenza di stare vicino ai sofferenti, sul bene da farsi e sul male da escludersi. Nel messaggio per la Quaresima del 2006 raccomanda di praticare la misericordia e di comunicarla specialmente a chi è solo, abbandonato, oppresso, pauroso e sconcertato. Osserva che lo sviluppo integrale dei popoli non si basa sui molteplici progetti umani, ma sul riconoscimento dei propri limiti, sulla fiduciosa relazione con il Signore, sul rinnovamento interiore, sulla dedizione al prossimo e sull'incessante carità. Riesce a coinvolgere una piccola minoranza, mentre gli altri, che non accettano il disegno di Dio, temono di rimetterci e continuano a inseguire i profitti temporali. Aggravano così gli squilibri e le afflizioni dei popoli. Oggi ne cogliamo un evidente segno nel crescente numero di profughi, provenienti dal continente africano e asiatico.

Papa Francesco impara primariamente da sant'Ignazio di Loyola e dai Gesuiti a vivere nella povertà e a combattere l'avidità, l'individualismo e la corruzione. Nei discorsi e nelle omelie orienta gli intellettuali, i politici, i governanti e i rappresentanti delle religioni a comprendere il progetto salvifico di Dio. Raccomanda a tutti gli uomini, che svolgono ruoli di responsabilità, di distaccarsi dagli egoismi, di denunciare le false speranze, di compiere un cammino di misericordia, di smussare le paure, di incrementare le relazioni caritatevoli e di suscitare ovunque una serena collaborazione. Nell'Esortazione apostolica "Evangelii gaudium" del 2013 chiede alla Chiesa di adeguare i suoi metodi pastorali alle situazioni socio-culturali odierne e di rispecchiare la tenerezza, che Gesù ha rivelato nel suo percorso terreno. Indice l'Anno giubilare del 2015 durante il quale insiste che la Chiesa è chiamata a essere il riflesso visibile e tangibile del volto misericordioso di Dio. Nel giorno della chiusura del Giubileo pubblica la lettera apostolica "Miseria et Misericordia" dove invita la Chiesa a vincere la ripugnante indifferenza, a provare un'abituale compassione verso i bisognosi e a inventare nuovi metodi di pronto intervento.

Le sue indicazioni convincono parecchie persone, perché capiscono che esse sono indispensabili alla dignità umana. Non mancano gli opinionisti che giustificano percorsi differenti. Pertanto sperimentiamo che nelle nazioni rimane la povertà, la disuguaglianza, la violenza, la lamentela e la disperazione.

Bibl. Principale: T. R. DE SPIRITU SANCTO, *Edith Stein,* Morcelliana Ed., Brescia 1959, pp. 194-195; AaVv, *La Liturgia delle Ore, il nuovo ufficio divino*, Ed. Messaggero di s. Antonio, Padova 1971; M. PICCIRILLO, *Giubileo in Terra Santa*, in riv. VP, 4 (2000), pp. 36-38; 5 (2000), pp. 24-26; S. GAETA, *Le devozioni popolari* /7 in riv. VP, 4 (2005), pp. 73-75; NICOLA BUX – FRANCO CARDINI, *L'anno prossimo a Gerusalemme*, Ed San Paolo, Cinisello B. (MI), 1999, pp. 36-90; TM. HESEMANN, *Testimoni del Golgota*, o. c. p. 17-36; CASTELLI, *Gli anni santi*, Arti grafiche Cappelli, San Cassiano1949, pp. 200-206; G. BICOCCHI, *Gemma, la sposa di sangue,* in riv. Sap Cr, 3-4 (2003), pp. 285-297; MATTIAS AUGE', *Fra liturgia e pietà popolare*, in Riv. VP, 9 (2016), pp. 49-51.

Il culto alla reliquia della Croce, ai Crocifissi, alla Sindone e le drammatizzazioni della Passione

Il culto alla reliquia della Croce

Tutti i popoli proteggono i luoghi di residenza di un loro celebre e amato connazionale. Venerano i suoi resti corporali e i suoi oggetti personali. Gli costruiscono dei monumenti, per tramandarne ai posteri la memoria. I cristiani, a ammiratori di Gesù, applicano le consuetudini delle genti. Riconosciuto il loro diritto a svolgere un culto pubblico, l'imperatore Costantino I invia a Gerusalemme sua madre Elena e i suoi architetti Gustato e Zenobio. Li incarica di erigere un complesso di edifici sull'area del Calvario e della tomba di Gesù. Macario, vescovo di Gerusalemme, indica a loro i luoghi della passione e della sepoltura del Signore. Nello scavo per le fondamenta ai nuovi edifici gli operai trovano delle croci all'interno di una cisterna. Gli ebrei costumavano bruciare o seppellire le croci dei giustiziati, perché le consideravano degli oggetti impuri e contaminanti. Secondo una leggenda basata su alcune guarigioni prodigiose, la chiesa madre deduce quale sarebbe stata la croce di Gesù. Se ne sente molto vincolata, perché egli la straformò da segno di solitudine, di sconfitta e di morte a strumento di liberazione dal peccato, di benedizione, di grazia e di nuovo umanesimo. Custodisce quindi questo legno come un'equivocabile testimonianza dell'amore di Dio per l'umanità, straziata dal dolore e dalla sofferenza. Educa il popolo a scoprire lo stretto rapporto tra la bontà di Dio e il sacrificio di Gesù, tra l'amore divino e l'immolazione del Crocifisso. Insegna alla gente che mediante il legno della croce Dio unisce tutti i suoi figli e li rallegra con la sua presenza.

Autodefinitasi la serva dei servi di Dio, Elena dispone che il legno della croce sia diviso in tre parti. Lascia il reperto maggiore alla chiesa madre, porta il secondo a Roma e dona il terzo al figlio Costantino: «*Tutte le fonti coeve sottolineano come Elena facesse suddividere il reperto ritrovato poco prima di mettersi in viaggio per Roma*: *un terzo della croce rimase a Gerusalemme, un altro terzo lo portò con sé a Roma, l'ultimo terzo infine lo fece recapitare al figlio*», residente a Costantinopoli, nuova capitale dell'impero[102].

Il culto della reliquia della croce cresce e si sviluppa con quello dei martiri. Il vescovo di Gerusalemme custodisce in una cassetta il legno della croce, impreziosito di gemme e lo espone alla venerazione dei fedeli in queste tre ricorrenze: il Venerdì Santo, il 3 maggio, giorno del prodigioso ritrovamento della reliquia e il 13 settembre, giorno della consacrazione della basilica. Nelle prime ore del mattino egli, accompagnato dal clero, sale sul Martirio (Calvario), prende il legno della croce, lo pulisce, la profuma, lo incensa, lo pone alla vista di tutti e invoca il Signore con molti *Kyrie Eleison.* Presiede quindi la celebrazione eucaristica, conferendovi una caratteristica eminentemente pasquale, comunitaria e popolare. Nel tradizionale rito unisce, infatti, il passato al presente, l'esodo degli ebrei a quello dei cristiani. Conclusa la commovente celebrazione, per tre giorni lascia il legno alla venerazione dei devoti, che lo baciano con affetto e lo ornano di torce, di ceri, di verde e di fiori. Riconoscono che il Signore si è servito di questo strumento per condannare i poteri maligni, combattere le seduzioni del denaro, rifiutare gli inganni settari, insegnare la fraternità e donare all'umanità di pregustare la salvezza eterna.

Nel IV secolo la pellegrina Egeria scrive sull'ostensione della santa croce: «*Il vescovo siede sulla cattedra, davanti a lui si mette un tavolo coperto da un telo di lino, i diaconi sono in piedi intorno al tavolo*: *viene portata una cassetta dorata in cui c'è il santo legno della croce, la si apre e la sia espone. Si mette sul tavolo il legno della croce e l'iscrizione*»[103] di Pilato sul motivo della pena di morte.

Ritenuto un'icona delle sofferenze di Gesù, il legno della croce è diviso in più parti, per consegnarne un pezzo alle chiese locali o ai principi. Infatti, con un tono un po' enfatico san Cirillo di Gerusalemme afferma in una catechesi sul Calvario: «*Del legno della croce ormai si trovano dei pezzettini in tutto il mondo*»[104]. In una successiva catechesi asserisce: «*Il legno della croce da qui è stato distribuito in frammenti per tutto il mondo*»[105]. Nella Città Santa rimangono tre ampi pezzi della croce: uno del braccio orizzontale e due del palo verticale.

Nelle guerre d'invasione i vincitori solevano impossessarsi non solo dei beni immobili, ma anche dei preziosi degli sconfitti. La Bibbia narra che i filistei prevalsero sugli ebrei, ritirarono l'arca santa, la collocarono nel loro tempio e se la tennero per sette mesi (1Sam 5,1-2; 6,1). Nel 614 il re persiano Cosroe II occupa Gerusalemme, la saccheggia e massacra parecchi nemici. Cattura inoltre il vescovo Zaccaria e lo deporta nella sua capitale assieme a migliaia di cristiani. Prende anche il legno della croce come trofeo di guerra, lo trasporta a Ctsiforde, capitale imperiale di Persia e lo colloca accanto al suo trono. Eraclio, imperatore bizantino, reagisce, organizzando un contrattacco, mentre il patriarca Sergio organizza una processione, in cui esorta il popolo a pregare Dio, perché conceda alla chiesa madre nuovi eventi salvifici.

Secondo una leggenda nel 628 l'imperatore Eraclio vince il persiano Cosroe II, ricupera il legno della croce e lo porta a Gerusalemme. Vi entra scalzo e senza insegne imperiali, per dare al popolo un segno di penitenza e di apertura a Dio.

Nei secoli successivi il legno della croce è tenuto nascoso, ma è ridotto in migliaia di frammenti, per consegnarli alle cattedrali, alle pievi, alle parrocchie, ai monasteri e alle famiglie religiose, desiderose di averne un pezzetto. Le comunità cristiane, che lo possiedono, imitano le forme di culto, presenti nella chiesa di Gerusalemme. Tributano al legno della croce una crescente e distinta venerazione. Ne abbiamo chiari e incontestabili riferimenti. Gli armeni e i bizantini celebrano una festa nella ricorrenza del ritrovamento della croce, del suo ricupero presso i persiani e della consacrazione della basilica, che ingloba il Golgota e la tomba di Gesù. La chiesa bizantina aggiunge dell'altro. Espone il legno della croce alla pubblica venerazione durante tutta la Settimana Santa. Nel primo giorno di agosto il patriarca di Costantinopoli porta in processione il legno della croce, custodito all'interno del palazzo imperiale. Gli tributa onore per «*tenere lontano le malattie, dovute al caldo dell'estate*» e per essere «*benedetti e custoditi da Dio le vie e i bastioni della città stessa*»[106]. Nel periodo delle lotte iconoclaste diminuisce il culto e la devozione alle sacre icone. Riprendono vigore, superate le controversie. Infatti, nel secolo XIII un anonimo di Costantinopoli attesta: «*La Croce veneranda, che attualmente è conservata in sacrestia... la ornano di pietre preziose e d'argento e la rivestono d'oro. E fino ad oggi dona salute, scaccia i mali e i demoni*»[107].

La Chiesa latina abbellisce il culto alla croce di Gesù con dei canti e dei riti. Infatti, nel 570 il poeta Venanzio Fortunato compone a Poitiers gli inni "*Vexilla regis prodeunt*" (Procedono i vessilli del Re) e "*Pange lingua gloriosi proelium certaminis*" (Canta, o lingua, la gloriosa battaglia). Nei due inni processionali egli attenua gli aspetti dolorosi della passione di Gesù, mentre ne esalta la trionfale vittoria sulla morte e la regalità universale. Musicati e cantati nelle celebrazioni della Settimana Santa, del ritrovamento della croce -3 maggio- e del ricupero, l'Esaltazione della Santa Croce-14 settembre-, essi incrementano la fede dei cristiani, bramosi di sconfiggere le malignità mondane e di percorrere il cammino che immette nella gloria celeste.

Il papa Sergio I (687-701) d'origine orientale verso le ore 14 del Venerdì Santo va scalzato nella cappella di San Lorenzo al Laterano, prende la reliquia della croce, custodita in un contenitore d'oro e si reca in processione nella basilica di Santa Croce in

Gerusalemme. Giuntovi, bacia la reliquia, la pone sull'altare, la incensa e ringrazia Dio per aver dato all'umanità un segno visibile del suo amore. Commemora quindi la passione di Gesù con la lettura di brani biblici, tratti dal vecchio Testamento e dal Vangelo di Giovanni. Prosegue la liturgia con la preghiera universale e l'esortazione a sperare nel Signore, datore di vita. Finita la lunga funzione liturgica, rientra alla sua sede lateranense.

I successori di Sergio I mantengono lo stesso tipo di culto, che non riduce le prospettive umane, ma le amplia di molto. A ogni Venerdì Santo con le torce accese si recano in processione alla basilica di Santa Croce, dove espongono la reliquia all'adorazione pubblica e il popolo canta l'inno "*Ecce lignum crucis*" (Ecco il legno della croce). Conservano lo stesso schema rituale fino all'esilio di Avignone (1305). Dopo di che a Roma rimane l'usanza di adorare le reliquie, concernenti la passione di Gesù. Nel 1629 due grossi frammenti della sua croce sono trasferiti pubblicamente nella basilica di San Pietro, dove il papa presiede i riti del Venerdì Santo e alla fine conceda il popolo, impartendo la benedizione con la reliquia della croce.

Le parrocchie e le comunità religiose che custodiscono un frammento del legno della croce, imitano i riti della chiesa di Roma. A ogni Venerdì Santo e 14 settembre danno risalto alla processione e all'adorazione della santa croce.

La riforma liturgica, prescritta dal Concilio Vaticano II, semplifica e vivacizza la suddetta procedura rituale. A ogni Venerdì Santo pone al primo posto la celebrazione della Parola di Dio, cui segue la venerazione della croce nella forma che conosciamo. Conferisce alla funzione un contenuto illuminante. Incrementa la comprensione della gratuità di Dio e disapprova le prepotenze umane. Apre alla preghiera fiduciosa e promette molti benefici divini.

Il culto alle croci e ai crocifissi

Il culto alle croci e ai crocifissi è simile a quello recato alla reliquia della santa croce. I cristiani delle prime generazioni, che rifiutavano le seduzioni del mondo, veneravano privatamente i graffiti della croce di Gesù, provocando la meraviglia e la derisione dei pagani[108]. Infatti, un graffito sul Palatino, scoperto nel secolo scorso, raffigura un crocifisso con la testa d'asino e accanto un devoto in atto di adorazione. Sotto il graffito c'è un'iscrizione, che spiega la sarcastica immagine, voluta da quelli che non hanno un'idea della bellezza evangelica: "*Alessandro adora il proprio dio*".

Nel 394 l'imperatore Teodosio emana un editto, in cui riconosce che il cristianesimo è l'unica religione di Stato. Per evidenziare la loro fede, i cristiani appendono pertanto una croce nei luoghi di culto e nei locali statali, Erigono in particolare una grande e preziosa croce sul Calvario. Nei giorni festivi salgono sull'altura e onorano la croce con lampade e torce[109].

I Padri della Chiesa abituano i cristiani a mantenere la mente rivolta verso Dio. Raccomandano che venerino le raffigurazioni della croce ove si trovino, s'inchinino davanti ad esse, le bacino, le onorino secondo gli impulsi interiori e elevino preghiere di lode e d'invocazione a Gesù, umiliato, crocifisso e risorto. Educano i cristiani a evangelizzare tutti i loro sensi, per completare il loro cammino di fede in Dio, che ama, ascolta e rallegra chi crede nelle sue stupende opere.

I Santi Padri, ferventi pastori, insegnano ai cristiani di vincere le seduzioni mondane e di fortificare la loro fede, guardando Gesù crocifisso che guida tutti verso la vita di Dio. In una bella catechesi battesimale il vescovo Niceta asserisce: «*Ti seducono i piaceri del mondo? Rivolgiti alla croce di Cristo con più slancio, per trovare sollievo nella dolcezza di quella Vita che pendette dalla croce*»[110]. «*Volgi il tuo cuore sempre al cielo, spera nella risurrezione. Desidera che si compia la promessa. Orgoglioso e fiducioso nella croce di Cristo e nella sua gloriosa passione, risponderai al nemico fieramente esorcizzandolo, quando ti assale lo spirito incutendoti terrore...*»[111].

San Leone Magno esorta il popolo: «*Ammaestrato dall'esperienza, ogni fedele si armi della croce, perché sia stimato degno di Cristo*»[112]. In una prospettiva di eternità san Sofronio asserisce: «*La croce viene innalzata*; *e chi non si alzerà misticamente da terra? Dove il redentore viene innalzato, là va di slancio anche il redento, desiderando sempre essere con chi l'ha salvato e ricevere da lui imperitura difesa*»[113]. San Giovanni Damasceno dà quest'illuminante istruzione ai suoi diletti fedeli: «*Quando tu vedi i figli dei cristiani che venerano la croce, sappi che essi rivolgono la venerazione al Cristo crocifisso e non al legno...Quando tu vedi un cristiano che venera la croce, sappi che egli la venera a causa di Cristo crocifisso e non a causa della natura del legno*»[114].

Per superare le tentazioni, che arrecano angoscia e frustrazione, in un'omelia Giorgio di Nicomedia del secolo IX dà alla gente questa testimonianza di apertura affettuosa Gesù: o Signore, «*bacio le tue sofferenze, per mezzo delle quali sono stato liberato dalle mie ignominiose sofferenze. Bacio la tua croce, per mezzo della quale hai condannato il peccato e mi hai liberato da una condanna di morte. Bacio quei chiodi, per mezzo dei quali hai allontanato da me il castigo proveniente dalla maledizione. Bacio i fori delle tue membra, per mezzo dei quali sono state sanate le ferite della mia disobbedienza*»[115].

I mistici disapprovano i profitti individualistici, i divertimenti eccessivi e le scelte opprimenti. Respingono con forza il male di ogni genere e s'impegnano a seguire Gesù crocifisso. Insegnano ai cristiani a guardare lui, appeso alla croce, a invocarlo e a non portare la croce come un semplice ornamento. Assicurano che essi riceveranno la grazia di accorciare la loro lontananza da lui e di collaborare alla salvezza dell'umanità. San Francesco d'Assisi, mistico ferente e convincente, eleva questa preghiera al Crocifisso di san Damiano: «*Altissimo e glorioso Dio, illumini el core mio. Dame fede diricta, speranza certa, carità perfecta e humiltà profonda, senno e cognoscimento che io servo i tuoi comandamenti*»[116]. Passando nei crocicchi delle strade, esorta i suoi frati, che vedono un crocifisso, di recitare questa bella preghiera: «*Ti lodiamo, o Cristo, e ti benediciamo per tutte le chiese sparse nel mondo, perché le hai redente per mezzo della tua santa croce*»[117].

Sant'Ignazio di Loyola si pone davanti Gesù Cristo, povero, umile, sottomesso e paziente. Decide di seguirlo, per purificarsi dai peccati, arrivare alla vetta della santità, gustare le beatitudini evangeliche e produrre frutti salutari. Scrive negli Esercizi Spirituali: «*Voglio e scelgo la povertà con Cristo povero piuttosto che la ricchezza, le umiliazioni con Cristo umiliato piuttosto che gli onori; inoltre preferisco essere considerato stolto e pazzo per Cristo, che fu ritenuto tale, piuttosto che saggio e accorto secondo il giudizio del mondo*»[118]. Propone ai cristiani di compiere lo stesso cammino di Gesù: «*Considero quello che Cristo nostro Signore soffre o vuole soffrire nella sua umanità, secondo il passo che sto contemplando; qui comincerò con molta energia a suscitare in me il dolore, la tristezza e il pianto*»[119]. «*Considero che la divinità si nasconde; infatti potrebbe annientare i suoi nemici e non lo fa, e lascia che la santissima umanità soffra tanto crudelmente*»[120]. «*Considero che egli soffre tutto questo per i miei peccati, e che cosa devo fare e soffrire per lui*»[121].

Santa Teresa di Avila nella Quaresima del 1554 passa davanti all'immagine molto piagata dell'*Ecce Homo,* posto provvisoriamente nel convento. Osserva le ferite del suo volto martoriato e vi scorge il segno del grande amore di Dio per l'umanità[122]. Si concentra quindi sovente sull'agonia di Gesù, in cui sperimenta la vicinanza, l'amore e la santità di Dio. Si duole di essere vissuta nelle comodità e nel rilassamento. Trova il coraggio di rinunciare alle attrattive mondane, di lottare intensamente contro i propri difetti e di dedicarsi all'assidua preghiera. Vive nella propria carne le preoccupazioni, gli aneliti e le sofferenze di Gesù, che le parla con locuzioni interiori.

Sant'Antonio Maria Zaccaria ripete spesso quest'assioma, a lui tanto gradito: «*Per amore del Crocifisso*; *per imitazione del Crocifisso*». Organizza delle conferenze, in cui parla prevalentemente della passione di Gesù. Invita quindi i suoi uditori «*a guardare le piaghe, le lividure, il sangue del Signore morto sulla croce*», per averne una viva memoria [123].

San Filippo Neri prega in casa davanti ad un crocefisso illuminato. Negli spostamenti ne porta sempre uno con sé. Lo mostra ai peccatori induriti, alla cui vista si affrettino ad aborrire le loro infedeltà e si aprano alla grazia della redenzione.

San Francesco di Sales soffre molto, per educare il popolo a conoscere la vita, la passione, la morte e la glorificazione di Gesù. Chiede alla Confraternita della Santa Croce, che ha fondato, di contrapporsi ai calvinisti, demolitori di altari e d'immagini sacre. Propone di cantare le Litanie di Gesù crocefisso. Ammira la bellezza liturgica della Santa Croce del 14 settembre. Prega in privato e in pubblico davanti a Gesù in croce. Organizza processioni per incrementarne la venerazione. Ai piedi di una croce appone la scritta: «*Non è già la pietra o il legno ciò che il cattolico adora; ma il Re, che morto in croce, del suo sangue l'onora*»[124]. Raccomanda al popolo di portare appeso al collo un piccolo crocefisso e gli consiglia di tracciare il segno della croce a ogni tocco delle ore[125]. In una lettera a una sua confidente scrive: «*Mettete il vostro cuore ai piedi della Croce, e accettatela mote e la vita di tutto ciò che amate per amore di Colui che diede e riceve la morte per noi*»[126].

San Paolo della Croce dedica parecchie ore quotidiane alla contemplazione di Gesù incompreso, rifiutato, sofferenze e crocifisso. Durante la settimana santa si concentra ancor di più nei suoi dolori di fisici e spirituali. Stabilisce che i suoi religiosi si formino, permanendo alla scuola del Crocefisso. Offre questo consiglio a chi intende opporsi alla diffusa indifferenza religiosa e desidera gustare la festosa ricorrenza dell'Esaltazione della Croce: «*Poiché le feste si celebrano con allegrezza, così la festa della Croce degli amanti del Crocifisso si fa penando e tacendo con volto ilare e sereno, affinché tal festa sia più segreta alle creature e scoperta solamente al sommo Bene*»[127].

Santa Maddalena Gabriella di Canossa sceglie come modello e ricompensa: «*Dio solo e Gesù crocifisso*». Contempla Gesù piagato, coronato di spine, crocifisso, grondante sangue. Mentre è in un'estasi, egli le confida di essere passato attraverso il torchio di molte sofferenze. Le comunica quindi la sua sapienza, la infiamma d'amore e la sollecita a corrispondervi. Tra le varie invocazioni lei eleva a Gesù queste due giaculatorie: «*Crocefisso amor mio, mio Redentore, stampami le tue piaghe in mezzo al core*»[128]; «*Signore, dammi di portare tutti gli uomini ai piedi della tua Croce*!»[129].

Delibera inoltre che le sue religiose stiano ai piedi del Calvario, confidino totalmente in Gesù e lo imitino. Per morire alle proprie ambizioni, raggiungere la santità e conseguire la gloria eterna,. scrive a una delle sue religiose: «*Lasciati maneggiare dal Signore a suo piacimento e nell'atto che, ad ogni momento, incontrerai il tuo niente, metti sempre più la tua confidenza in Dio*»[130].

Santa Maria Crocifissa Di Rosa si conforma a Gesù sofferente, che introdusse nel mondo il giusto culto a Dio e dona salvezza all'umanità. Ripete spesso la preghiera, attribuita all'apostolo Andrea: «*O buona croce a lungo desiderata, e già preparata col desiderio del cuore, vengo a te lieta, giuliva, e tu esultante ricevi me discepola di Colui che fu appeso alle tue braccia*»[131]. Maria formula un decalogo, corrispondete alla sua consacrazione agli ammalati e all'attività del suo istituto religioso. Al quarto e al nono comandamento attribuisce questo impegno: «*Onora i malati come tuoi genitori, perché la loro sofferenza ti unisce alla passione di Cristo e ti genera alla vita eterna*»; «*Desidera fortemente la guarigione degli altri. Parla non solo di Cristo Crocifisso, ma anche del Risorto*»[132]. Nelle lettere alle sue religiose scrive che si rallegrino, perché si entra in Cielo con le proprie croci.

San Giovanni Calabria mantiene desta la sua fede, agendo davanti a un'immagine di Gesù crocifisso. Desidera che i suoi religiosi si comportino come lui. Infatti, scrive ad alcuni di loro, che ha mandato a Roma: «*Carissimi, stringiamoci attorno al Crocifisso e invochiamo il suo aiuto, unito al patrocinio della Vergine Addolorata, e andate avanti. Il vostro viaggio per Roma guardate che non è un viaggio di piacere, è un viaggio al Calvario, e quando sarete arrivati là, dovete essere sempre sul Calvario…*»[133].

Nel rapporto epistolare con il cardinal Ildefonso Schuster accenna spesso a Gesù sofferente. Precisa: «*Inginocchiato ai piedi del Crocifisso scrivo queste povere righe, spinto da un incluso al quale non posso resistere e che, se non erro, confido che venga dal Signore*»[134]. In alcune lettere gli comunica: «*Davanti al mio Crocifisso sempre guardo e prego per il caro nostro Milano. Che Gesù compia i suoi più grandi disegni propri di quest'ora*». «*Qui ai piedi del mio Crocifisso Le dico quanto La porto nella mente e nel cuore e come prego perché Gesù compia per di Lei mezzo i suoi divini disegni*». «*Qui ai piedi della mio Crocifisso, penso a l'Em. Rev.ma che ad Assisi svolge un grande incarico; mi sento più che mai vicino a Lei, e nella preghiera di questi giorni invoco l'abbondanza delle celesti benedizioni*»[135].

Non tutte le comunità parrocchiali possiedono una reliquia della Santa Croce. La liturgia del Venerdì Santo presenta ai cristiani una qualsiasi croce e li invita ad adorare il Signore, che redime l'umanità mediante la sua consegna all'umiliazione, al dolore, alla sofferenza e alla morte. A un'ora stabilita essi si radunano nella loro chiesa parrocchiale, spoglia di fiori e di decorazioni. Nell'ascolto delle lettere bibliche riconoscono che le loro infedeltà a Dio sono la causa delle sofferenze e della morte di Gesù e si affidano alla sua misericordia. Partecipano poi all'austero rito dell'adorazione della croce, in cui il celebrante in tre riprese e con voce sempre più sonora proclama: "*Ecco il legno della croce a cui fu appeso il Cristo, Salvatore del mondo*"[136]. Con lentezza e compostezza si avvicinano quindi al Crocifisso, posto in un luogo accessibile e lo baciano, mentre il coro canta l'antifona, che unisce bene l'aspetto doloroso e glorioso dell'evento pasquale: «*Adoriamo la tua Croce, Signore, lodiamo e glorifichiamo la tua santa risurrezione. Dal legno della Croce è venuta la gioia in tutto il mondo*».

La liturgia concede anche la facoltà di cantare gli emozionanti improperi di origine bizantina. Ricavati dalle lamentazioni del profeta Geremia, essi presentano Gesù che parla all'assemblea orante. Le ricorda di averle elargito tanti doni salvifici, ma essa si è mostrata irriconoscente e ingrata: «*Popolo mio, che cosa ti ho fatto? In che cosa ti ho contristato? Rispondimi*»[137]. Chi partecipa attivamente a quest'azione liturgica, avverte che il Signore lo illumina sul significato della croce e lo sollecita ad accogliere evento salifico.

Le drammatizzazioni della Passione del Signore

Gli scrittori greci inventarono le tragedie, in cui evidenziarono l'origine e i volti della sofferenza. Messe in scena nei teatri, suscitavano profonde emozioni e ampie discussioni. La Bibbia ha tanti racconti drammatici, simili alle tragedie greche. Il libro di Giobbe è il racconto biblico più drammatico. Indaga sulle sventure, che affliggono e sconvolgono l'innocente.

Verso la fine del primo millennio gli occidentali non parlano più il latino e i cristiani lo capiscono poco. Solo gli istruiti comprendono il latino in uso nelle celebrazioni liturgiche. Per aiutare il popolo a capire la rivelazione divina e educarlo nella fede cristiana, i Benedettini del secolo XI escogitano la sacra rappresentazione, ispirandosi alla sceneggiatura delle tragedie classiche come pure alle migliori opere teatrali del loro tempo. Accettano le melodie popolari, drammatizzano la passione di Gesù e animano la veglia pasquale, raffigurando le varie apparizioni del Signore alle donne galilee e ai suoi discepoli. La loro iniziativa, che congiunge la liturgia pasquale e la mimesi dell'evento celebrato, ottiene vasti consensi. Nelle chiese europee i numerosi attori organizzano spettacoli scenografici. Si compiacciono di stupire il pubblico, assumendo il ruolo, i costumi, le caratteristiche e i sentimenti patetici dei personaggi biblici. Le autorità ecclesiastiche vigilano sulle azioni liturgiche. Impediscono che la loro esecuzione assuma forme di pura teatralità, ma si svolga in conformità alle norme rituali stabilite. Segue

Il popolo cristiano sposta la sacra rappresentazione dall'interno delle chiese ai luoghi pubblici. Ogni anno organizza una processione coreografica, nella quale evocava il trasferimento di Gesù morto dal Calvario al Sepolcro. Munito di pesanti catene al collo, di fiaccole accese e di vesti scure, sfila scalzo nelle zone abitate, trasporta gruppi statuari in legno o in cartapesta e eleva al Signore inni sacri, nenie dolenti e implorazioni di perdono. Rende più comprensibile la passione di Gesù a chi desidera intenderla.

Alcune Confraternite incrementarono e perfezionarono questa sfilata, aggiungendovi prostrazioni e molti altri elementi. Nelle ricorrenze penitenziali come il Venerdì Santo o negli eventi catastrofici gli appartenenti alle Confraternite s'incappucciano, indossano tuniche rozze o divise funebri, trasportano croci, flagellano il loro dorso, procedono scalzi e con gli occhi bassi invocano ad alta voce il Signore. Le donne in abiti violacei portano gli arazzi su cui è scritta un'espressione di Gesù morente. Suscitano negli osservatori un sentimento d'intensa afflizione e li dispongono a un cambiamento di vita, verificabile con lo scorrere del tempo. Nel giorno di Pasqua o nelle ricorrenze festive vestono invece abiti chiari, sfilano, cantano e ballano, reggendo prevalentemente dei crocifissi artistici. Evidenziano così la vittoria e la gloria di Gesù Cristo, risorto dai morti[138].

Le odierne Confraternite della Passione ravvivano la pubblica processione medievale. Migliorano i vecchi modelli ereditati, introducendovi elementi e adattamenti, che imprimono alla sfilata un aspetto piacevole. In particolare aiutano la gente a ricordare quello che è capitato a Gesù nell'ultimo giorno della sua vita terrena. A ogni Venerdì

Santo o ad altra ricorrenza festiva drammatizzano le principali fasi della sua passione, morte, deposizione e sepoltura. Indossano i costumi dei personaggi evangelici o delle compagnie dei Disciplinati. Sfilano per le vie del paese, dirigendosi nella piazza centrale, addobbata per la circostanza. Ritmano il rumore delle catene, delle sferze e dei lamenti. Intercalano moderni dialoghi, musiche, versi, inni, armonie, recite e pause di silenzio. S'immedesimano nel ruolo, svolto dalle persone coinvolte nel dramma della passione e della gloriosa risurrezione del Signore. Nella sceneggiatura dei fatti accaduti attraggono la gente, desiderosa di conoscere le scelte, l'insegnamento, le contestazioni e il comportamento finale di Gesù Cristo. Con un linguaggio moderno comunicano un messaggio trasparente, comprensibile, incisivo e coinvolgente. Trasmettono una cultura vitale, incarnata nel tessuto del loro ambiente. Evitando farse burlesche, sarcastiche e scurrili, inducono le nuove generazioni a riflettere sulle meravigliose opere di Dio, sulle ineffabili sofferenze di Gesù, sull'immenso valore della vita umana e sulle cure da compiere per conservarla nell'alta dignità della figliolanza divina.

La sacra rappresentazione di Oberammergau a Monaco di Baviera è la più famosa sceneggiatura della passione di Gesù. Perfezionatasi nei secoli e disgiunta dalla processione del Venerdì Santo, attira parecchi spettatori locali e stranieri. In Italia è assurta a celebrità artistica quinquennale la centenaria drammatizzazione della passione di Gesù di Sorvedolo (Biella).

I teologi osservano che le processioni pasquali e le raffinate sceneggiature della passione del Signore sono imperfette, perché non distolgono completamente dall'individualismo della nostra inquieta epoca. Offrono certamente un ideale cristiano e dei contenuti di fede, ma non convertono molto lo spettatore, manipolato da concezioni di vita erronee. Non lo convincono di interrompere i rapporti con i tantissimi persuasori occulti, che comunicano i messaggi distruttivi. Lo lasciano nelle sue contraddizioni e incertezze.

La Chiesa riconosce i pregi e le imperfezioni sia delle sfilate religiose sia delle sacre rappresentazioni. Raccomanda ai loro promotori di conferirvi un orientamento più spirituale, di accordarle alle celebrazioni liturgiche, di purificarle dagli elementi superstiziosi, di usare il linguaggio della cultura locale e di porre più in luce i desideri di bene della gente, assetata di verità evangelica. Incoraggia inoltre i cristiani a partecipare soprattutto ai riti liturgici, dove essi ascoltano la proclamazione dei testi biblici, li meditano, si sintonizzano con le loro proposte di vita, compiono gestualità fraterne e si rinnovano profondamente, ricevendo la grazia sacramentale.

Profilo storico e cultuale della Sindone

La Sindone è un telo lungo più di quattro metri e largo un metro e tredici centimetri. Nel corso del tempo si è ingiallito, oscurato e deteriorato. Una trentina di esperti ha sottoposto il telo a minuziose indagini scientifiche, ottenendovi ottimi risultati. Si tratta di un lino pregiato, morbido, pieghevole, incrociato a spina di pesce con una tecnica manuale e rudimentale, praticata nel Medio Oriente all'epoca di Gesù.

La stoffa, di cui abbiamo pochi riferimenti storici, ha parecchi pollini di piante, presenti nella Palestina, Turchia, Francia e Piemonte. Sono una conferma dei suoi spostamenti. Ha particelle di aloe e di mirra, frammenti di fibre e di materia, trovati a Masada e a Gerusalemme. Conserva le impronte tridimensionali facciali e dorsali di un uomo disteso, nudo, robusto, maestoso, deturpato da molteplici ferite, ucciso, sepolto e rimasto poche ore nell'oscurità di una tomba. Il tessuto non è stato spostato dopo la sepoltura e non ha segni di decomposizione o di gas putrescenti. Non conserva invece le tracce laterali del corpo, perché essa non vi ha avuto alcun contatto.

Mostra la bellezza di un uomo perfetto. Ha le impronte di contusioni, tumefazioni e ammaccature. Il dorso di destra e di sinistra è segnato da 370 ferite, causate dai colpi di flagello romano, ricevuti in posizione ferma e curva. Il sereno volto è gonfio per le percosse. Lo zigomo destro è fratturato. La cartilagine del setto nasale è deviata da una bastonata. La fronte sinistra ha un copioso rivolo di sangue venoso a forma di un tre rovesciato. La calotta cranica è punta da una cinquantina di grosse spine. Le ginocchia sono trafitte per improvvise cadute su un terreno ruvido; la spalla destra contusa in modo obliquo da una trave; le dita escoriate, i polsi e i piedi traforati con un lungo chiodo; il fianco destro tagliato tra la quinta e la sesta costola.

Secondo i recenti studi scientifici il sangue, rosso vivo nella Sindone di Torino, appartiene al gruppo AB, presente anche nel Sudario di Oviedo e nel Miracolo eucaristico di Lanciano (Chieti). Le tracce di siero ai margini delle macchie ematiche hanno una grande quantità di creatinina, dipendono dal coagulo del sangue colato e hanno corrispondenze nei due sacri reperti, oggetto di secolare devozione popolare. Il risultato della datazione del Telo basata sull'analisi al radiocarbonio non è ritenuto esatto, perché esso dipende dal prelievo di tre campioni di stoffa rammendata, alterata dal calore di un incendio, soprattutto inquinata da funghi, batteri, cera, sudore, lacrime, polveri industriali e fumo di candele e d'incenso.

Le impronte non sono una pittura, né una scultura di qualche geniale falsario. Nei laboratori moderni nessuno riesce a riprodurre gli stessi aspetti anatomici e le stesse caratteristiche ematiche, presenti nella Sindone. Non si conosce il processo di formazione dell'immagine, unica nella nostra storia.

Gli scienziati pensano che l'immagine sia l'effetto di una straordinaria e brevissima radiazione ultravioletta, emessa ad alta intensità dal corpo del defunto, dopo una quarantina di ore dalla sepoltura. Il morto si è disintegrato, è uscito dal Telo, ha lasciato le impronte del suo passaggio ed esse fungono da foto ricordo di alta qulità. L'immagine conferma i racconti evangelici sulla passione, morte, sepoltura e risurrezione di Gesù. Costituisce un probante documento della corporatura, del martirio e della morte di Gesù, l'uomo «*dei dolori che ben conosce il patire*» (Is 53,3). Attesta che nella morte traumatica, egli ha conservato una pace sovrana, ha avuto un'accurata sepoltura e il suo corpo non si è corrotto.

Induce a meditare sul suo bel fisico, lesionato, torturato, devastato dagli uomini, deposto con pietà dalla croce e sepolto in una tomba. Invita a guardare il volto tumefatto di Gesù, per entrare nella sua intimità, che irradia dignità e misericordia. Offre la possibilità di riflettere attentamente sul regalo che egli ci ha lasciato, ossia sul suo passaggio dalla sconvolgente morte alla perfetta vita trinitaria, dalle sofferenze quotidiane alla definitiva vittoria sul male, dalla soggezione alle leggi naturali alla gloria celeste e alla sua presenza nella storia. Conferma che Dio ha un grande amore per l'uomo in una situazione di rifiuto, oppressione e insicurezza. Gli assicura che lo fa passare dall'umiliazione alla beatitudine eterna. Gli affida questo messaggio di responsabilità, che riassume la storia della salvezza: bandire l'ostinata durezza, rinunciare a qualsiasi tipo di violenza, dialogare con le acquisizioni scientifiche, assumere un atteggiamento compassionevole verso gli altri e puntare sul fine ultimo della vita. Michael Shevack rabbino di New York ha detto: «*L'idea che c'è dentro la Sindone è sacra e condivisa da ebrei e cristiani*» [139].

Gli apostoli e i discepoli di Gesù comunicano con semplicità di aver trovato il suo sepolcro aperto e vuoto. Respingono le invettive di coloro che li accusano di aver rubato e nascosto la salma del Crocifisso. Informano dove e quando ebbero le inaspettate apparizioni del Signore. Vi aggiungono le loro spiegazioni, basate sulle predizioni della Sacra Scrittura e sui ripetuti annunci di Gesù.

Intuiscono che egli, entrato nella gloria di Dio, ha abbandonato la Sindone, non avendo più bisogno di vestiti. Si preoccupano di conservarla come un suo prezioso dono, ma non la esibiscono al pubblico, perché era proibito agli ebrei custodire un oggetto sepolcrale, contaminato da un cadavere (Nm 19,11-21; Ag 2,13), Se avessero mostrato a qualsiasi tutte le impronte della Sindone, si sarebbero esposti a una sanzione penale. Piegano pertanto il Lenzuolo in più parti per nascondere le tracce della nudità di Gesù. Lasciano visibile solo il suo volto. Pongono poi il Telo in una custodia e la tengono in un luogo segreto. Mostrano il viso di Gesù nel sonno della morte soltanto alle persone più fidate e preparate a credere nei meravigliosi segni, voluti da Dio.

I Vangeli apocrifi, i Padri della Chiesa e l'antica liturgia pasquale hanno qualche accenno sulla sacra Sindone. Stando ai frammentari documenti pervenutaci, questa reliquia fu trasferita a Edessa (l'attuale Urfia in Turchia), centro culturale del cristianesimo siro-aramaico. Collocata. in una nicchia della grande chiesa di Santa Sofia, è immurata, per impedire le profanazioni iconoclaste. Nel 525 iniziano i lavori, per restaurare la chiesa, danneggiata da un'alluvione. Si scopre la Sindone, rimasta nascosta. I cristiani le attribuiscono il nome di Mandylion (fazzoletto), perché ha la forma di una pezzuola quadrangolare in cui si vede il volto di Gesù. Nel 639 i musulmani occupano la città e permettono ai cristiani di venerare il Mandylion, per non suscitare una rivolta popolare. Nel VII secolo l'imperatore bizantino, Giustiniano, permette di coniare delle monete su cui appaino i lineamenti del volto di Gesù, presenti nel Mandylion.

Nel 787 il secondo Concilio Ecumenico di Nicea dichiara che si può raffigurare il Figlio di Dio, perché con l'incarnazione egli si è appropriato la natura umana e, dissolto il suo corpo, ha lasciato nella Sindone le sue impronte. Superato il periodo delle controversie iconoclaste, le immagini sacre non sono più un segno d'idolatria, ma una realtà santificatrice. La Chiesa venera quindi le reliquie e le raffigurazioni di Gesù. Tributa una particolare devozione al Mandylion (la Sindone), essendo la più importante reliquia di Gesù crocifisso, sepolto, risorto e vittorioso.

Nel 944 i militari trasferiscono il Sacro Telo a Costantinopoli, capitale dell'impero romano d'oriente, e la pongono nella cappella imperiale di Santa Maria del Faro, dove sono custodite alcune reliquie della passione del Signore. Gli ortodossi bizantini istituiscono la festa liturgica del 16 agosto in cui commemorano il solenne trasferimento della Sindone. A ogni venerdì la distendono, la mettono in posizione verticale, la espongono ai visitatori, desiderosi di vedere e di venerare Gesù, «*irradiazione della gloria del Padre e impronta della sua sostanza*» (Eb 1,3). In particolari ricorrenze rendono un culto pubblico a questa reliquia, portandola in processione per le vie di Costantinopoli. Nelle preghiere liturgiche della settimana santa cantano dei tropari (antifone), composti per evocare la passione, la morte, la tumulazione e la risurrezione gloriosa di Gesù. Attenendosi alla consuetudine liturgica, i presbiteri di ogni rito distendono sulla mensa eucaristica una tovaglia bianca e un corporale, simboli della Sindone.

Nei primi secoli gli artisti raffigurano solo il volto di Gesù e gli conferiscono un aspetto giovanile e imberbe. Scoperto il Mandylion di Edessa, incrementano la produzione delle icone. Dipingono il volto di Gesù trentenne con la barba e ancora in vita. Nei secoli successivi raffigurano tutta la persona di Gesù, ispirandosi alle impronte della Sindone, custodita a Costantinopoli. Ricavano i loro dipinti dalla struttura di questo corpo maestoso, visibile nei segni del Telo. Non sanno ancora che è un'autentica fotografia del maestoso e deturpato corpo di Gesù. Il che diventerà noto con l'invenzione della macchina fotografica.

Nel 1204 i Crociati, partiti da Venezia, avidi di reliquie assicuratrici, saccheggiano Costantinopoli, assediata dai musulmani. Ne prendono possesso e si perdono le tracce della Sindone. I Cavalieri Templari, protettori dei santuari in Oriente, dei pellegrini in Palestina e delle sacre reliquie, abbandonano Costantinopoli e ritornano in Francia. S'ipotizza che nel rientro in patria, avidi di preziose reliquie, abbiano portato con sé la Sindone. L'abbiano tenuta quindi nascosta, perché nel 1215 il IV Concilio Lateranense aveva proibito il trafugamento delle reliquie, reputandolo un atto sacrilego. Infatti, in una testimonianza processuale un Crociato avrebbe ammesso che i Templari nel loro castello veneravano un volto barbuto di Gesù Cristo e non lo avrebbero mostrato a nessuno.

Dal Medioevo in poi si sono approfonditi gli studi sull'origine e sul tipo di culto da attribuire alla Sindone. I risultati delle indagini hanno prodotto dei chiarimenti e delle disposizioni, che andiamo esponendo.

Nel 1353 il francese, Goffredo I de Charmy cavaliere crociato, essendo il legittimo proprietario della Sindone, colloca questa reliquia nella sua chiesa di Lirey. Incarica i canonici della collegiata di Santa Maria di custodirla e di esporla anche alla venerazione pubblica. Pietro d'Arcis, vescovo di Troiyes, primo responsabile della fede nel territorio di Lirey, teme che la Sindone sia una pittura come tante altre del circondario. Per impedire la diffusione di certi abusi religiosi, ne proibisce il culto pubblico. Passano alcuni anni e nel 1390 l'antipapa Clemente VII, Roberto di Ginevra, ritenuto legittimo in Francia, compie degli accertamenti sulla Sindone e con la bolla del primo giugno ne autorizza l'esposizione e la venerazione. Nel 1506, il papa, Giulio II, approva la Messa e l'Ufficio proprio della Sindone. Nel 1582 il papa, Gregorio XII istituisce la festa della Sindone al 4 maggio. Concede anche l'indulgenza plenaria ai pellegrini, che si recano a Torino e si accostano a ricevere i sacramenti della Penitenza e dell'Eucaristia. Lascia tuttavia aperta la discussione sulla storicità della reliquia. Per timore di compiere errori e di suscitare delle polemiche tra scienziati, i pontefici posteriori mantengono l'atteggiamento neutrale di Gregorio XII.

Nel 1453 Margherita di Charmy, figlia di Goffredo II, affida la Sindone ai duchi di Savoia. Essendone i legittimi proprietari, essi la trasferiscono a Chambéry nella cappella del loro castello. Piegata in più parti. la mantengono dentro un reliquiario di legno. Talvolta ne ordinano l'esposizione, perché i cristiani contemplino Gesù nella sua massima donazione, umiliazione e annientamento mortale. Trasportano anche la Sindone in varie città del loro ducato. Esposta alla vista del pubblico, la bellezza originaria delle sfumate impronte attrae tutti. I pellegrini vi scorgano un segno tangibile dell'infinito amore del Signore, un suo concreto invito ad amare oltre ogni limite e un'ammonizione a non farsi schiavi del male, che travolge qualsiasi persona. L'incendio del 1532, sviluppatosi nella Santa Cappella di Chambery, arreca un danno irreparabile alla Tela: la cassetta d'argento, arroventatasi, le imprime due ampie righe nere parallele; una goccia d'argento bollente le brucia e perfora gli strati sovrapposti.

Per abbreviare il pellegrinaggio dell'illustre san Carlo Borromeo, devoto della passione del Signore, nel 1578 Emanuele Filiberto di Savoia trasferisce la Sindone a Torino, nuova capitale del ducato. Nel 1694 il duca, Vittorio Amedeo II, pone la Reliquia nella monumentale Cappella, progettata dall'architetto Guarino Guarini. Attenendosi alla loro tradizione, i reali savoiardi permettono l'ostensione della Sindone nelle feste di famiglia e nei giubilei. Rafforzano così i sentimenti di profonda intesa, affetto, stima e fraternità. Umberto II di Savoia, ultimo re d'Italia, muore nel 1983 e nel suo testamento dona la Sindone alla Santa Sede. Su discernimento di Giovanni Paolo II, il segretario di Stato, Agostino Casaroli, affida la custodia della Sindone al card.

Atanasio Agostino Ballestrero, arcivescovo di Torino. Per proteggerla da vari pericoli di deformazione e distruzione, è deposta nell'ultima cappella della navata sinistra della cattedrale arcivescovile e conservata in una teca di vetro antiproiettile, cui è garantita una costante temperatura.

Desiderosi di vedere la Sindone, reperto di vanto, i pellegrini di ogni nazione, di ogni professione e di ogni condizione sociale confluiscono in numero crescente verso Lirey, Chambery e Torino. Provano un fascino spirituale sostare davanti alla misteriosa immagine sindonica, fissare silenziosi la rigidità del corpo di Gesù e distinguere le tracce del suo stato mortale dalle bruciature, causate dall'incendio della Santa Cappella. Mediante le guide intuiscono che le impressionanti torture a Gesù sono la conseguenza dei molti peccati, implorato il suo perdono e partecipano alle celebrazioni liturgiche. Prima di intraprendere il viaggio di ritorno ringraziano Dio dei benefici ricevuti e gli chiedono di effondere su di loro lo Spirito Santo, per perseverare con il suo aiuto nella sequela di Gesù. Ritornano infine ai loro luoghi di residenza, disponibili ad affrontare altre sofferenze.

Alcuni uomini e alcune donne dell'alta nobiltà coltivano una particolare devozione all'immagine sepolcrale di Gesù. Per rafforzare la loro pietà, su incarico del duca di Savoia, Emanuele Filiberto, il barone di Cusy, Filiberto Pingone, scrive la prima storia sulla Sindone. Tuttavia non avendovi trovato una sufficiente documentazione, si abbandona a fantasiose congetture.

Il beato Sebastiano Valfré (1629-1710), dotto prete dell'Associazione di s. Filippo Neri, nel 1693 compone una Dissertazione sulla Sindone per le figlie del duca Vittorio Emanuele IV. Si preoccupa inoltre che l'icona del Signore non subisca nuovi danni e ne intensifica la devozione popolare. Seguono tanti altri ricercatori, che con la pubblicazione delle loro indagini suscitano l'interesse della gente verso il sacro reperto. San Paolo della Croce non parla mai della Sindone, tuttavia esorta sovente di riposare sulla croce e di essere nel mondo un ritratto vivente di Gesù.

I protestanti sottovalutano la venerazione alla Sindone, perché ritengono che le devozioni popolari siano un residuo pagano, che oscura l'esercizio della fede. I non credenti ironizzano sulle manifestazioni religiose di ogni tipo. In particolare affermano che la Chiesa ha favorito il culto alle reliquie per la sua sorgente redditizia. Si tratta ovviamente di una calunnia, che offusca e indebolisce la missione della Chiesa. Spetta agli scienziati approfondire i loro studi e nei limiti delle loro competenze trovare un convergenza sull'autenticità della Sindone.

Il consisteste incrementato dei pellegrini alla Sindone si collega a questi dati: la maggiore conoscenza degli scritti biblici, la crescente devozione all'umanità di Gesù, la pubblicazione di meditazioni sulla passione del Signore, la predicazione quaresimale sull'ultimo giorno di Gesù, l'elargizione delle indulgenze, l'esposizione di copie sindoniche in alcuni luoghi di culto (in Europa ce ne sarebbero 27), la scorrevole viabilità, le celebrazioni liturgiche di cattolici ed ortodossi nei giorni dell'ostensione, le mostre d'arte, gli affreschi, le decorazioni, gli ex voto nelle chiese, le medaglie commemorative, i libri sui risultati degli studi scientifici e gli articoli giornalistici, la riproduzione di numerose fotografie sia in bianco e nero sia a colori, la trasmissione televisiva in diretta sull'ostensione, l'accesso all'immagine in Apple, l'applicazione tecnologica in Ipad, le informazioni in Internet. Oggi non sa nulla sui contenuti della Sindone solo chi si interessa di altri argomenti.

Convinta di possedere la migliore immagine della passione del Verbo fatto carne, la chiesa torinese venera la Sindone, attribuendole lo stesso culto, riservato agli altri agli oggetti appartenuti a Gesù Cristo. Organizza conferenze, lezioni, incontri ecumenici, meditazioni sulla passione del Signore, preghiere appropriate e Via Crucis basate sui segni sindonici. Il 4 maggio continua a dedicare alla Sacra Sindone una memoria liturgica con Messa e Ufficiatura. Si sente fortunata di venerare questa reliquia, che evoca le torture e la sepoltura di Gesù, inoltre induce a trovare risposte intelligibili sul mirabile evento della sua risurrezione. Nella colletta della messa invoca Dio, perché le conceda di contemplare per sempre il bel volto di Gesù risorto: «*O Padre* ... a *noi, che veneriamo la sua immagine, raffigurata nella Santa Sindone, dona di contemplare il suo volto glorioso*».

Molti vescovi e cardinali, di cui qualcuno fu poi pontefice romano, hanno visitato e venerato la Sindone nei giorni della sua ostensione. Nel 1980 Giovanni Paolo II si è recato a Torino, per svolgere il suo ministero pastorale. Nei suoi discorsi ha parlato diverse volte della Sindone, esposta solo per lui. Per non urtare i dubbiosi e suscitare equivoci, ha evitato l'espressione "sacra reliquia" e ha scelto l'espressione "icona". Ha tributato tuttavia alla Sindone il culto, recato alle reliquie di Gesù. Nel 1998 ha visitato nuovamente Torino, per l'esposizione pubblica della Sindone. Non ha fatto dichiarazioni sull'autenticità del Sacro Telo, perché spetta agli specialisti risolvere le loro controverse analisi. Ha tuttavia asserito che esso è un'icona che evoca le innumerevoli sofferenze degli innocenti di tutti i tempi.

Benedetto XVI, che ha una spiccata sensibilità liturgica, nel 2006 ha elevato la memoria annuale del 4 maggio a festa della Cattedrale torinese. Nel 2010 si è recato anche lui a Torino per l'ostensione della Sindone e nei discorsi di circostanza ha ripetuto la stessa espressione del suo precessore, Giovanni Paolo II.

L'ostensione del Sacro Telo del 2015 dal 19 aprile al 24 giugno è rimasta aperta per 67 giorni. Quasi due milioni di pellegrini, provenienti da tutto il mondo, hanno visto la Sindone, provando sentimenti simili a quelli che nei secoli scorsi li hanno preceduti nel pellegrinaggio. Hanno contemplato la passione, la morte, la sepoltura e la gloriosa risurrezione del Signore. Hanno quindi rafforzato la speranza di accedere alla gloria di Dio. Il papa Francesco è andato a vederla e venerarla il 21 giugno e la sua visita costituisce un altro anello della storia di Torino.

Nel 1842 e nel 1868 san Giovanni Bosco ha condotto i suoi ragazzi a vedere l'ostensione della Sindone. Nel centenario della sua nascita, papa Francesco decide una nuova ostensione dell'icona di cui ha asserito: «*Attraverso la sacra Sindone ci giunge la Parola unica di ed ultima di Dio, l'amore fatto uomo, incarnato nella nostra storia*» (30-3- 2013). Egli stesso va vederla e a venerarla, riconoscendo che ogni traccia di sangue è segno della misericordia di Dio.

Le editorie pubblicano opuscoli che aiutano i pellegrini a capire le piaghe del Signore, a rinforzare la fede in lui e a pregarlo così: «*Signore, fa di me la tua sindone. Quando, deposto nuovamente dalla croce, vieni in me nel sacramento del tuo corpo e del tuo sangue, che io ti avvolga con la mia fede e il mio amore come in un sudario, in modo che i tuoi lineamenti si imprimano nella mia anima e lascino anche in essa una traccia indelebile. Signore, fa del ruvido e grezzo panno della mia umanità la tua sindone*!»[140].

Bibl. Principale: AaVv, *Scientia Liturgica*, o. c., pp. 194-198; 202-205; 214-230; NICOLA BUX – FRANCO CARDINI, *L'anno prossimo a Gerusalemme*, o. c,, pp. 109-117; MICHELE PICCIRILLO, *Vangelo e archeologia*, Ed. San Paolo, Cinisello Balsamo (MI), 1998; G. ACCORNERO, *La Sindone*, Ed. Paoline, Milano 2000, pp. 344-367; AAVV, *La Sindone*, a cura di Sebastiano Rodante, Ed. Paoline, Cinisello Balsamo (MI), 1988, GIUSEPPE COMPARELLI, *L'Uomo della croce*, Ed. PIEMME,

Casale M. (AL), 1998; MICHELE SALCITO, *Davanti alla Sindone con gli occhi nuovi*, Mimep-Docete, Pessano con Bornago (MI), 2008; M. HESEMANN, *Testimoni del Golgota*, o. c. pp. 337-384; GEORGES ROUX, *Frammenti della croce di Cristo*? in *Il Mondo della Bibbia*, 3 (2004), pp. 15-17; CLAUDIO BERNARDI, *La drammaturgia della settimana santa in Italia*, Vita e Pensiero, Milano, 1991, pp. 33-45; 92-116.

APPENDICE

IL SUPERAMENTO DEL DOLORE E DELLA SOFFERENZA

La salute è un dono, che garantisce benessere e soddisfazione. Gli uomini e le donne di qualsiasi cultura, desiderano possederla e hanno il diritto-dovere di promuoverla e di tutelarla. Tuttavia non riescono trascorrere l'intera vita, senza sperimentare qualche patologia. Presto o tardi, nonostante le attente prevenzioni, tutti conoscono l'indebolimento corporeo, la disfunzione dei tessuti organici, l'arrivo di una malattia, talvolta rara, sconosciuta e irreversibile. Alcuni facoltosi hanno i mezzi finanziari per curarsi subito e riprendere al più presto il vigore. I poveri invece affrontano estenuanti attese e languiscono, se i sintomi di una malattia non destano preoccupazioni.

Gli studi scientifici, le sperimentazioni tecniche, il riconoscimento dei diritti universali e l'insegnamento etico danno ottimi risultati: escludono le emarginazioni, liberano da situazioni disgustose, eliminano le cognizioni magiche degli ingenui, vincono disfunzioni fisiche, costringono le patologie a regredire, rallentano l'invecchiamento, impediscono lo scredito della nostra vita, ne migliorano la qualità, riducono le crisi ossessive, rendono constatabile l'amore di Dio e offrono la possibilità di approfondire il senso della nostra esistenza.

Per garantire il diritto di avere una buona salute, gli operatori sanitari compiono notevoli sacrifici, stimati dalla Chiesa e dalle persone a un alto livello di umanità. Prendono molte iniziative, per prevenire le fragilità, diagnosticare le disfunzioni, scegliere la terapia migliore, ristabilire i malati, accompagnarli nella loro sofferenza, informarli sugli interventi in corso e toglierli dai rischiosi smarrimenti.

I ricercatori, gli scienziati e gli operatori sanitari costatano che la natura non è un'insidiosa divinità da abbattere, bensì una realtà da capirsi. Ampliano le loro conoscenze sulle sue leggi, ma non riescono ad averne un pieno dominio. Continuano quindi a indagare per scoprire le cause e i rimedi alle molteplici disabilità e alle innumerevoli malattie degenerative, che deturpano la bellezza del nostro corpo, ledono la nostra dignità, ci segregano dagli altri, abbreviano la nostra vita e mettono alla prova il nostro spirito. Occorre affaticare molto per impedire lo sviluppo e l'annullamento di ogni patologia. Nessuno può autorizzare la sospensione dei farmaci necessari a lenire i dolori, né può vendicare il diritto di spegnere la vita umana con procedure letali. Tutti hanno il dovere di aiutare a vivere degnamente e di accompagnare i malati terminali ad affrontare l'inevitabile morte.

Le reazioni personali sul variegato regresso fisico, psichico, sociale e spirituale sono complesse. Ce ne occupiamo prossimamente, distinguendoci da quelli che riducono l'uomo alla sola materia; lavorano prevalentemente per profitti personali o ideologici e ignorano che la salvezza umana ha una dimensione individuale, comunitaria e trascendente.

Per quanto riguarda il male ontologico, ossia il peccato, che è più grave di quello fisico, è possibile superarlo con l'esercizio della penitenza, della preghiera e della compassione. Ci soffermiamo anche su quest'argomento, che sembra irrilevante, mentre ha un valore notevole, liberante e allietante.

Le reazioni sbagliate alla sofferenza

Il dolore è permanente o saltuario, cronico o momentaneo, leggero o pesante, fisico o psichico, tollerabile o insopportabile, previsto o inatteso. Svolge la necessaria funzione di proteggere la vita degli animali e degli uomini. Il dolore cosciente si tramuta in sofferenza. Essa smorza i nostri desideri di arroganza e prepotenza. Ci costringe a riconoscere le nostre limitatezze e debolezze. Ci sollecita a lottare contro l'invadenza, la permanenza e lo sviluppo sia di una malattia sia di un'ingiustizia. Orienta noi cristiani a percorrere quel cammino che ci vincola più strettamente a Gesù, sofferente dalla nascita al Calvario. Nonostante i suoi aspetti positivi, la sofferenza incute apprensione, smarrimento, tristezza, irrigidimento, schianto e offuscamento della mente. Infatti, riduce l'armonioso funzionamento del corpo, composto di spirito e di materia. Priva la persona della sua bellezza naturale. La obbliga a interrompere le abitudini, a mutare i propri progetti e a cominciare un nuovo stile di vita. Nessuna esperienza di sofferenza è strettamente uguale a un'altra. Ognuno ha un modo di reazione emotiva al suo irrompere, di cui può esserne stato la causa principale. Senza pretendere di ottenere una completa risoluzione, ricorre ai mezzi accessibili, per alleviarla, eliminarla e impedirne il ritorno. Qualcuno si chiede in che cosa ha sbagliato, per essere stato colpito dalla sofferenza oscura, aggressiva e spietata. Non avendone una risposta lucida, ha forti sentimenti di noia, orrore e sconforto. Rifiuta quindi di trasformare la sua esperienza in un principio di crescita interiore, di felicità e di preparazione alla morte. Perde la fede in Dio, misericordioso e provvidente. Lo accusa d'indifferenza, inerzia e impotenza.

Caduto nel baratro del pessimismo, dell'orrore e dell'incertezza mentale, percorre vie irrazionali, per uscire dagli incubi e dalle manipolazioni esterne.

La rassegnazione alla sofferenza

La maggioranza delle persone si preoccupa alla prima percezione di un persistente disturbo fisico e ne cercando una soluzione. Indaga sulle cause del suo dolore. Racconta la sua sofferenza con dovizia di emozione e di dettagli. Organizza la procedura da compiere, per liberarsi dal male e dalle tetre paure. Se si sente compresa e soccorsa adeguatamente, ricupera la padronanza psicologica, avvia un processo di equilibrata valutazione di se stessa e continua a eseguire gli impegni programmati.

Una piccola porzione di persone assume un atteggiamento opposto alle altre. Assalita da un'improvvisa malattia, ne minimizza la gravità e ostenta indifferenza, imperturbabilità e sicurezza. Rifiuta i rimedi necessari, per fermare lo sviluppo del male e assicurarsi la salute. Ritiene sbagliato tentare di eliminare una patologia, che devasta gradualmente il corpo, infastidisce, restringe il campo d'azione e affretta l'arrivo della morte. Se è ricoverata in un ospedale per le diagnosi e terapie specialistiche, resta chiusa, incupita, scombussolata e silenziosa. Non parla, non sorride, non ringrazia e non collabora con i medici e con i paramedici. Sopprime l'innato desiderio di comprendere il significato della sofferenza nei suoi complessi aspetti. Accetta passivamente il deterioramento del suo fisico. Inoltre si biasima, affermando di essere disutile e insignificante. Dà l'impressione di voler gustare la frenesia della debolezza, della malattia, del dolore, dell'infelicità, dell'isolamento e della morte, Si vanta solo di essere nata, per soffrire e per scontare le colpe degli altri. Non di rado i buontemponi deridono i rassegnati passivi alla malattie e gli amici li compassionano.

Per qualche opinionista questo tipo di atteggiamento avrebbe prodotto più morti delle guerre e delle persecuzioni. Per quanto grande, crudele possa essere una disfunzione fisica, c'è sempre la possibilità di alleviarla, ricorrendo alle moderne conoscenze scientifiche e strumentali.

L'uomo biblico sa che Dio l'ha chiamato al possesso e al godimento del creato. Gli ha anche chiesto di contrastare e di vincere la diffusione di qualsiasi forma di male. Gesù disapprova l'atteggiamento di fatalità e passività nei confronti delle malattie e delle sofferenze (Mt 11,25). Condanna coloro che non si avvalgono dei mezzi disponibili, per opporre una forte resistenza al male. Deplora chi tenta di nascondere il proprio dolore, ostentando salute e tranquillità. Evita i lunghi ragionamenti e le interminabili discussioni sui complessi aspetti del male. Per dimostrare la misericordia e la bontà di Dio, non trascura nessuno. Entra nei vari luoghi di dolore, cura le piaghe dei sofferenti, procura a tutti la libertà, il rinnovamento e la felicità interiore. Si espone a tanti affaticamenti, per eliminare le cause che addolorano, schiavizzano e umiliano le persone. Esige che i suoi discepoli imparino da lui lo imitino quotidianamente. Insegna che solo la dannazione eterna è una sofferenza terribile e irreversibile, che non è imposta da Dio, ma dipende unicamente dalla libera scelta di ognuno.

Affrontare il male nelle sue molteplici manifestazioni quotidiane, significa conservarci umili, ammettere la nostra limitatezza creaturale, scartare le facili illusioni, avanzare nel sapere, difendere il valore inestimabile della vita, solidarizzare con i sofferenti, incrementare le opere di bene, perseverare nell'esercizio delle virtù, irraggiare la bellezza della perfezione e corrispondere al piano salvifico di Dio. Si è giustamente osservato e costatato che l'accoglienza dell'insegnamento evangelico, non nuoce nessuno. Elimina bensì le ingiustizie, le povertà, le preoccupazioni, le solitudini e i decessi precoci.

Parecchi uomini e donne attuano la proposta evangelica, largamente condivisa da tanti indagatori, pensatori e maestri spirituali. Lavorano con un amore premuroso, paziente, costante e ammirevole. Senza presumere di riuscirci pienamente, cercano una soluzione fattibile ai loro e altrui problemi. Nei casi più difficili si sottopongono alla diagnosi e alla terapia degli specialisti. Inoltre si affidano alla grazia di Dio, che libera dalle opprimenti angosce e rafforza la volontà di non deviare da lui[141]. Interrompono la loro incessante lotta contro ogni male, quando arriva il momento della morte e della consegna del proprio spirito a Dio.

La contestazione

La veemente contestazione personale o collettiva, privata o pubblica, si radica nella pretesa si risolvere in fretta i propri problemi. Affiora negli individui che puntano sul facile accumulo degli averi temporali e sull'immediata saturazione dei propri desideri. Non accettano i provvisori e comuni limiti creaturali. Temono la perdita di stima, il declassamento sociale, lo sfruttamento sistematico e la diminuzione delle relazioni quotidiane. Entrano così nel travolgente vortice del malumore e del risentimento. Non indagano sulle origini oggettive dei loro disagi, che potrebbero scaturire da valutazioni soggettive. Avidi di stabili delizie, di costanti dolcezze e di benessere generale all'irrompere di un'ingiustizia sociale o di una disfunzione organica, provano emozioni stressanti. Ignorano che il cammino della vita procura a tutti sorprendenti ferite e sofferenze profonde, Temono di essere dominati e sacrificati dall'egoismo altrui. Immaginano di perdere la bellezza, il vigore e l'efficienza. Invidiosi del presunto bene di alcune persone, non studiano una ragionevole soluzione delle loro angustie, né attendono che la loro sofferenza si allenti e scompaia gradualmente. Ignorano le molteplici e le lecite possibilità di superare i loro conflitti. Non danno un sufficiente spazio all'attuazione delle sagge programmazioni. Pensano di subire troppe ed estenuanti ingiustizie. S'irritano e incolleriscono. Rifiutano gli atteggiamenti misericordiosi, reputandoli un segno di debolezza. Si fissano in un rigido, aggressivo e ostinato rancore.

Dilaniati da un senso di sventura, i contestatori si angosciano e si macerano nell'intimo. Interrompono le relazioni fraterne, erigono invalicabili barriere psicologiche. Non capiscono che il dialogo aiuta a conoscere le valutazioni e le differenze interpersonali. Credono che sia lecito accusare e aggredire i presunti nemici. Con toni anche triviali imputano a loro di aver compiuto degli intollerabili reati. Moltiplicano così atti di sabotaggio, producono guasti irreparabili, generano malessere, diffondono, ampliano e rendono più aguzza la sofferenza.

Scaricano sugli altri la loro tensione nevrotica, rendendola un indecente, ridicolo e assurdo spettacolo. Pensano di ottenerne vantaggi liberanti e soddisfacenti. Di fatto si dimostrano schiavi di se stessi come anche testabili, caparbi, ribelli, immaturi, incoscienti, irrispettosi e incapaci di un sensato discernimento.

Per non aver saputo capire, sopportare, pazientare, pregare, perdonare, attendere l'arrivo di tempi migliori, l'uomo ha fracassato oggetti di valore, ha cagionato malattie, miserie, guerre, rivoluzioni sociali, ingiustizie, torture e spargimento di sangue. Non si rinnovano le persone e le strutture sociali con atti violenti, né si vive in pace, pretendendo la totale esclusione di eventuali disagi e sofferenze.

Le inquietudini e i disagi quotidiani sono un segno della nostra piccolezza, limitatezza e transitorietà. Chi li riconosce, accetta le difficoltà giornaliere, supera le tentazioni della contestazione, impara ad amare ogni persona, vive nella continua gratitudine, evita il distruttivo processo di perversione e infonde grande gioia. Ogni atto d'amore è un semplice anticipo della gloria paradisiaca, cui siamo chiamati. Il forte temporale o il ciclone sconvolgono e devastano parecchio. Tuttavia passano in fretta e lasciano la possibilità di riparare i danni. Le infinite e disagevoli croci non sono eterne, hanno una scadenza e nel loro passaggio aprono alla nuova vita, alla risurrezione e alla ricompensa divina. Gesù, sole di giustizia, non discute molto sulle cause della sofferenza. Sceglie solo di affrontare la sofferenza come si presenta a lui e indica il procedimento per sconfiggerla. Nei suoi spostamenti vede i bisogni della gente e compie gesti d'amore: perdona, riconcilia e dona speranza. Chiede ai suoi discepoli di imitarlo e promette a loro che passeranno alla bellezza celeste.

La fuga

Parecchi uomini e donne sognano di trascorrere una vita comoda e divertente, ma non si affaticano, per migliorarla. Puntano prevalentemente su sensazioni deliziose, piacevoli e permanenti. Per vincere le situazioni incresciose, ricorrono ai giochi spettacolari, ai filmati affascinanti, al bullismo di gruppo, agli svaghi turistici, alle bevande alcoliche, agli stupefacenti, alle pratiche magiche e ad altre invettive. Passano ovviamente alcuni tratti di sollievo, ma terminata l'ebbrezza emotiva, si ritrovano nei loro problemi.

Non si possono soffocare ceti dolori o cete angustie, ricorrendo ad egli espedienti. Neppure si superano i disagi personali, muovendosi verso un mondo fantastico, superficiale e illusorio. Né si annullano le varie sofferenze, ricorrendo ai futili palliativi. L'esperienza ci attesta che la fuga dai problemi reali incrementa i guai e degrada le persone, incapaci di stare con chi soffre.

Avendo un cuore compassionevole, Gesù non scansa la sofferenza, ma la prende sul serio e studia modo, per eliminarla. Avvicina i malati, li accoglie e li soccorre. Dichiara beati gli afflitti, che accettano di soffrire, per far brillare la verità e sconfiggere la menzogna (Mt 5,4). Versa completamente il suo sangue, per annientare i mali, che aggrediscono e sfigurano l'umanità. Con la sua morte in croce indica ai retti di cuore la strada da percorrere, per addolcire le afflizioni e per sperimentare una vita meravigliosa.

L'irresponsabile nei suoi atti quotidiani pensa di essere astuto e furbo. Di fatto si comporta da stolto e maligno. Si allontana da Dio, sorgente di vita e di gioia. Rifiuta di amare, di onorare e di servire il prossimo. Persona psicologicamente immatura si addossa pesanti e permanenti sofferenze. Diventa vittima dei suoi stupidi ed enormi errori.

Il cristiano, fedele a Gesù, è una persona saggia e coerente. Scarta le cose effimere e compromettenti. Combatte con fermezza i mali, che sviliscono l'umanità. Continua a donarsi e a soccorrere il prossimo. Annuncia che in Gesù c'è una salvezza vera, totale, definitiva e universale. Unito a lui, cerca il bello, il buono e il duraturo. Se è incompreso, deriso, angariato, diffamato e penalizzato dai caparbi, non si affanna eccessivamente. Sa che egli non fallisce, ma che si realizza pienamente, stando congiunto a Gesù, vittorioso sulla morte. Reca quindi una prospettiva alle sue costanti fatiche e tiene presente l'esortazione dell'apostolo Giacomo ai perseguitati: «*Considerate, perfetta letizia, miei fratelli, quando subite ogni sorta di prove*» (Gc 1,2). Dio permette che siamo tentati, per far brillare la sua misericordia e la sua potente salvezza.

La depressione

Diverse persone immaginano che i loro simili abbiano un organismo perfetto e siano esenti da preoccupazioni e angustie. Invidiano il loro tenore di vita, apparentemente splendido e affascinante. Appena accertano di avere delle disfunzioni, pretendono di toglierle alla svelta, senza dover lottare alquanto. Non riuscendo a trovarvi un rapido rimedio, aggrottano la faccia, rimpiangono il loro passato, si chiudono in se stessi e desiderano morire. Si angosciano, s'incupiscono, s'irrigidiscono, si disprezzano e si deprimono alquanto. Indeboliscono le loro funzioni mentali, perdono la percezione della loro realtà e si sentono sradicati dalla società. Non sanno più come comprendersi, né quali scelte fare e vorrebbero suicidarsi. Smarriscono anche la capacità di mantenere un equilibrato rapporto con Dio e non si sentono coinvolti nel movimento di un grande cammino di trasformazione. Pensano che Dio sia un antagonista della loro libertà e dei loro desideri di felicità. Prolungano la loro patologia, permanendo nella tristezza, nel tremore e nell'insonnia. Non immaginano che Dio è con loro e li avverte di non temere.

Comunicano il proprio malessere con dei gesti e con dei monosillabi. Nei casi più acuti si fissano in un tetro pessimismo tanto caro agli scrittori del macabro. Rinunciano al desiderio di rientrare nella normalità, omettono di combattere il tormento del male e si bloccano all'eccesso. Se privi di un'assistenza adeguata, tentano persino di uscire dagli incubi, ricorrendo al suicidio. Non si accorgono che trattano la loro vita come se essa fosse una cosa scomoda, brutta, ripugnante e ingombrante. Insoddisfatti di tutto, presumono che gli altri non soffrano mai e li invidiano.

Oggi aumentano i depressi che si tolgono la vita, per sconfiggere i loro disagi. Non esiste nessun dolore inutile e senza alcun senso. Ogni sofferenza ha una sua causa e finalità. Si presenta talvolta con una connotazione inaspettata, inesplicabile, assurda, smisurata e crudele. Se essa è compresa nella sua nuda realtà, giova alla nostra vita. Pretendere di distruggere la sofferenza con scelte radicali e irragionevoli, significa ignorare che la nostra transitorietà ha in se stessa degli eventi spiacenti.

Il libro medievale dell'Imitazione di Cristo consiglia d'osservare questa sapiente regola: «*Se porterai la croce di buon animo, essa a sua volta porterà te e ti condurrà al desiderato fine, là dove terminerai di soffrire. Se invece la porterai malvolentieri, essa ti aggraverà sempre di più, e in ogni modo ti toccherà ugualmente portarla. Se tenti di gettare una croce, ne troverai subito un'altra, forse più grave*»[142].

Ognuno ami la sua vita. Si preoccupi di conservarla integra, di migliorarla e di trascorrerla serenamente. Collabori con gli altri a mantenerla sana e punti sul possesso definitivo della felicità. Ammetta che nessuna malattia, disgrazia e lavoro gravoso siano un'insensata sventura. Riconosca piuttosto che gli imprevisti sono per tutti un mezzo, per capire d'aver bisogno degli altri e per mantenersi umili. Reputi i sinistri come un'occasione, per vincolarsi maggiormente a Gesù Cristo, che ha portato la sua croce e poi è passato all'inesauribile gloria di Dio.

Bibl. Principale: AaVv, *Resistenza al Male*, in Servitium, 102 (1995); AaVv, in riv. VP, 2 (2000); D. SÖLLE, *Sofferenza*, Ed. Queriniana, Brescia 1976; A. LIPPI, *Per una teologia della guarigione e liberazione interiore*, in Boll St 2 (1989); L. NOVOA PASCUAL, *La croce come criterio di conoscenza e di ermeneutica teologica*, in Boll St 2-4 (1991), pp. 72-74; V. ANDREOLI, *Capire il dolore*, Rizzoli, Bergamo, pp. 9-147; 287-305; MAURIZIO CHIODI, *L'enigma della sofferenza e la testimonianza della cura,* Ed. Glossa, Milano 2003, pp. 14-219.

LA RIPARAZIONE DEL MALE

La necessità della riparazione

Riparare significa rinnovare le cose guaste e renderle utilizzabili. Si riparano le abitazioni, i vestiti, gli strumenti di lavoro, i luoghi di produzione, di svago e altro. Nel senso giuridico la riparazione esige l'impegno a togliere il più possibile i danni fisici o morali. In senso spirituale la riparazione consiste nel riportare l'uomo, rovinato dal peccato, allo stato di giustizia originaria, di bellezza, di armonia, di felicità e di comunione con Dio. Non c'è giustizia senza riparazione del peccato, né santità senza misericordia, né comunione con Dio senza ricerca incessante di lui, né introduzione nel mistero pasquale senza purificazione.

Dio Padre vede, sente, ama e compatisce i suoi figli, immersi nella realtà dolorosa del peccato. Entra in relazione con loro, che si allontanano da lui. Non sopporta che patiscano a lungo le conseguenze dei loro peccati (Es 34,6ss). Desidera che si pentano delle loro colpe e ritornino a lui. Paziente e misericordioso, crea medicamenti naturali per loro (Sir 38,4). Compie interventi salvifici in favore dei sofferenti che invocano il suo pronto soccorso (Sal 4,2; 6,3). Tramite i suoi inviati lenisce i dolori degli afflitti e soccorre gli oppressi (Sal 91,15). Suscita in loro il bisogno di lodarlo per la sua infinita misericordia (Sal 51; 135). Promette al suo popolo di sposarlo, per rinnovarlo interiormente e per avviare con lui un'avvincente intesa (Os 2,8ss). Gli chiede di imparare da lui a essere misericordioso (Os 6,6). Si attende che abbandoni gli atteggiamenti intransigenti e partecipi al suo mirabile progetto di salvezza.

Nella pienezza del tempo il Figlio unigenito del Padre assume in Maria vergine la natura umana. Immagine del Dio invisibile, egli si avvicina agli afflitti, condivide i loro dolori e con la potenza dello Spirito Santo li rinnova interiormente e li congiunge al Padre.

Educa i suoi discepoli a intrecciare con gli altri rapporti di amicizia e a riparare i danni del peccato, compiendo atti di misericordia: «*Siate misericordiosi come è misericordioso il Padre vostro*» (Lc 6,36).

Nella madre, che prima soffre le doglie del parto e poi gioisce per aver generato un figlio (Gv 16,21), illustra gli effetti positivi dei loro patimenti. Accetta la condanna alla crocifissione, per dare a ognuno la massima testimonianza dell'infinita misericordia di Dio (Rm 5,20). Nell'umiliazione della croce ripara le colpe dell'umanità, dona a essa un segno tangibile di amore, trasforma la sua situazione di maledizione nella sovrabbondante benedizione di Dio (1 Gv 2,2; 4,10). Mediante l'effusione dello Spirito Santo egli, primogenito di ogni creatura, resta misteriosamente presente negli afflitti e condivide le loro sofferenze (Eb 4,15). Esige che essi lo imitino, impediscano la moltiplicazione degli attentati alla vita, agiscano con piena competenza professionale e si preparino a entrare nella beatitudine di Dio. Presentando quest'argomento di grande valore teologico, il Compendio del Catechismo della Chiesa Cattolica spiega. «*Dio non è in alcun modo, né direttamente né indirettamente, la causa del male. Egli illumina il mistero del male nel suo Figlio, Gesù Cristo, che è morto e risorto per vincere quel grande male morale, che è il peccato degli uomini e che è la radice degli altri mali*»[143].

Formati da Gesù, i discepoli scoprono che Dio ha un'immensa e infinita misericordia. Docili all'azione dello Spirito Santo, prendono sul serio la sofferenza e si aprono alle attese di ogni persona. Avvicinano specialmente agli sventurati, immagine del loro Maestro, innocente e paziente. Pieni di compassione e di speranza, li aiutano a uscire dalle loro afflizioni. Patiscono assieme a loro, per sollevarli dalle tristezze e inserirli nel progetto salvifico di Dio. Raccomandano ai battezzati di concorrere all'edificazione di una società estranea a quelle azioni che generano discriminazioni, barriere, esclusioni, isolamenti, impoverimenti e decessi prematuri.

Consapevole della sua ampia missione, san Pietro scrive a quelli che hanno dato la loro prima adesione all'annuncio evangelico: «*E finalmente siate tutti concordi, partecipi delle gioie e dei dolori degli altri, animati da affetto fraterno, misericordiosi e umili; non rispondete male per male, né ingiuria per ingiuria, ma, al contrario, rispondete benedicendo*» (1 Pt 3,8-9).

Pensando ai tanti segni misericordiosi di Gesù, l'apostolo Giovanni deduce quest'applicazione per i cristiani: «*Anche noi dobbiamo dare la vita per i fratelli*» (1 Gv 3,16). L'apostolo Paolo si sacrifica molto, per accogliere le persone, ascoltarle, comunicare a loro l'insegnamento e la forza vitale di Gesù (1 Ts 2,8). Sovrabbonda «*di gioia in tutte le tribolazioni*» (2 Cor 7,4), perché la redenzione umana raggiunga la completezza (Col 1,24). Brama che lo considerino una persona che ha ricevuto molta misericordia da Dio (1 Tm 1,13.16) e ordina ai cristiani di portare: «*gli uni i pesi degli altri*» (Gal 6,2).

Chiamati a riparare il peccato

I pontefici, i santi e i teologi, accesi da cocente amore per la vita dei fratelli, raccomandano insistentemente la solidarietà e la riparazione del peccato. Domandano ai cristiani di unirsi a Gesù Cristo, di aggregarsi all'attività di altri fratelli e di impegnarsi a riformare l'uomo, che ha offuscato la sua dignità di figlio di Dio.

Il Concilio Vaticano II, tutt'altro che retrogrado e contrario alle conoscenze scientifiche, esorta ogni cristiano a ripetere gli stessi atteggiamenti e le stesse azioni liberanti di Gesù Cristo (LG 36; AG 12). Nell'enciclica sul senso cristiano della sofferenza umana san Giovanni Paolo II scrive: «*Compiendo la redenzione mediante il dolore, Cristo ha elevato le sofferenze umane a livello di redenzione. Di conseguenza ogni uomo nel suo patire può anche rendersi partecipe del dolore redentivo di Cristo*»[144]. Il Catechismo della Chiesa Cattolica spiega che «*ogni colpa commessa contro la giustizia e la verità impone il dovere di riparazione, anche se il colpevole è stato perdonato*» (CCC 2487).

Nell'enciclica "Laudato sì", il papa Francesco, mentre rileva la connessione tra i fenomeni naturali e le attività umane, chiede alle persone di non alterare la creazione, ma di rispettarne le leggi naturali. Programma e improvvisa gesti di accoglienza, per dare al mondo un messaggio di liberazione dal peccato e per infondere speranza ai sofferenti. Per la prima volta nella storia della Chiesa dedica un giorno ai carcerati, inserendolo nel calendario del Giubileo straordinario della Misericordia.

La riparazione del peccato non è un carisma individuale e facoltativo, né appartiene unicamente a quei gruppi religiosi che emettono il voto di vittima d'amore. La riparazione del peccato è bensì una missione che Dio affida a tutto il suo popolo pellegrinante. Il cristiano, che cresce nelle virtù teologali, sa che Dio lo chiama incessantemente a riparare il peccato. Pertanto egli prova una grande compassione dei sofferenti che incontra nel cammino della sua vita. S'interessa di loro e cerca i mezzi più adatti e più efficaci, per liberarli dalle loro pene. Non considera un'assurdità esporsi sempre alla sofferenza, per aiutarli a vincere le loro defezioni fisiche e spirituali. Nell'obbedienza di fede si sente altresì onorato svolgere un ufficio di purificazione, d'elevazione e d'introduzione a una migliore esperienza di vita.

Ogni giorno egli respinge i suoi desideri egocentrici, si allena al sacrificio, valuta quali interventi compiere e li esegue. Immolandosi come Gesù sulla croce, porta le persone a riappropriarsi dell'immagine della figliolanza divina e sperimenta la gioia dell'infinita gratuità di Dio. Collabora con Cristo stesso alla redenzione dell'umanità, vittima del peccato e le restituisce la dignità perduta.

Non ha il potere di vivificare chi è morto. Ha tuttavia la possibilità di assicurare una vicinanza ai parenti del defunto e di comunicare a loro pensieri di consolazione e di speranza.

Le persone di ogni epoca, continente, età e appartenenza sociale conoscono sorprendenti pericoli, intimidazioni, violenze e alienazioni, che dipendono essenzialmente dal peccato. Tanti nostri contemporanei non sentono il bisogno di ripararlo, per sperimentare la piena libertà. Presumono di superare le loro limitatezze, di difendere i loro diritti e di assicurarsi l'agiatezza, senza dipendere dalla volontà di Dio e senza esporsi a innumerevoli sacrifici. Immaginano che la fede in lui e la docilità al suo insegnamento siano un ostacolo alla propria affermazione. Aderiscono quindi a ideologie, che conducono al depotenziamento, allo svuotamento, all'impoverimento, allo sottomissione dei prepotenti e esperienze affliggenti. Non esiste una vera libertà, se si escludono le prescrizioni di Dio, se si rinuncia ad amare i propri fratelli e se si omette di riparare i danni causati dal peccato.

I molteplici movimenti di spiritualità giudaici e cristiani si oppongono alle ideologie disumane. Promuovono diverse iniziative, per sconfiggere il male e per ascendere sulle vette della santità. Senza esasperare le persone, attente ai valori della vita, propongono di riparare il peccato, ricorrendo alla preghiera, alle opere penitenziali e soprattutto agli atti compassionevoli. Consideriamo questi tre aspetti fondamentali della riparazione del male.

La preghiera riparatrice

La preghiera biblica è sempre rivolta a Dio Padre misericordioso, che guarda i suoi figli, «*risana i cuori affranti e fascia le loro ferite*» (Sal 147,3). Ripetuta con intensa fede, vince qualsiasi tentazione, ripara i guasti prodotti dal peccato, sollecita ad amare il prossimo e dispone a compiere il bene. Esige il primo posto nelle nostre scelte quotidiane e nelle nostre relazioni con Dio. Chi prega con insistenza, incrementa la fiducia, reca conforto, sminuisce le preoccupazioni, libera dalle angosce oppressive, elimina le massicce apatie, dà dignità alle persone, facilita l'intesa con i fratelli e cresce nella santità. Nessuno può dispensarsi dalla preghiera, presumendo di togliere ugualmente le fragilità, i rischi, i timori e i disagi sia personali sia degli altri.

L'uomo è grande, se con umiltà presenta a Dio i problemi umani, se intercede per i bisognosi e se impegna le sue energie, per migliorare la vita di qualsiasi fratello. Abramo intercede con insistenza per gli abitanti di Sodoma e Gomorra, perché siano risparmiati dalla morte (Gn 18,22-33). Mosè, risalito sulla cima del Sinai, supplica Dio, perché perdoni il popolo, che ha dimenticato l'Alleanza e ha peccato d'idolatria, costruendosi un vitello d'oro (Es 32,30). Aronne e i sacerdoti d'Israele offrono dei sacrifici a Dio, per riparare i peccati del popolo, liberarlo dalla sventura, dal dolore, dalla sofferenza e dal pericolo della morte[145]. I salmisti presentano a Dio i loro peccati come anche le loro malattie, si affidano alla sua misericordia di Dio e attendono che egli li guarisca.

Il Servo, descritto nel libro Isaia, prega, si affida alla bontà di Dio, si lascia maltrattare dagli aggressori e non si vendica del male ricevuto. Espia così i loro peccati e ottiene la loro giustificazione (Is 53,10-11). Il Figlio, Gesù Cristo, l'unico giusto, prega durante la vita terrena e più intensamente nel giorno della sua passione e morte. Nella gloria del Padre abbraccia tutta la nostra storia e intercede per l'umanità, per liberarla da ogni defezione, unirla a Dio e donarle la gloria paradisiaca (Ebr 7,25).

Consapevoli che la salvezza eterna viene solo da Dio, i santi non si limitano ad azioni diplomatiche, ma si uniscono alle implorazioni e al cruento sacrificio di Gesù Cristo. Associandosi alla sua offerta al Padre e alla sua immolazione redentrice, riparano i danni del peccato. Compiono un autentico atto sacerdotale, donando al Padre le loro sofferenze quotidiane. Protraggono i loro atti di espiazione, nelle ore di adorazione del Santissimo Sacramento. Invocano anche l'intervento dello Spirito Santo, perché egli purifichi le colpe degli uomini. Condividono poi i drammi della gente, che silenziosa sollecita gesti di attenzione e di misericordia. Cercano di soccorrerla, perché essa viva saldamente vincolata a Dio.

Dal secolo XII fino ai nostri giorni alcuni ecclesiastici inculcano l'ideale di una spiritualità vittimale e di una riparazione vicaria, che hanno una grande influenza nel popolo. Il cardinale, Pietro De Bérulle, emette il voto di vittima e domanda al Signore la grazia di morire, quando sta pregando in chiesa davanti all'altare. San Giovanni Eudes, fondatore della Congregazione della Nostra Signora della Carità e della Congregazione di Gesù e di Maria, invita tutti i credenti ad accettare le sofferenze e a offrirle a Dio, per ottenere la purificazione di tutte le colpe. Ogni giorno eleva al Signore questa sua articolata preghiera riparatrice: «*O Amabilissimo Gesù..., in unione al grandissimo amore mediante il quale vi siete offerto al Padre..., come pure in unione a tutto l'amore della vostra santa madre e di tutti i vostri martiri: mi offro e mi dono, mi voto e mi consacro a voi..., in questo stato di ostia e vittima, per soffrire nel mio corpo e nella mia anima, secondo il vostro beneplacito e mediante la vostra santa grazia, ogni sorta di pene e di tormenti, e anche per spargere il mio sangue e sacrificarvi la mia vita col genere di morte che vi piacerà; e ciò per sola gloria e vostro puro amore*»[146].

Santa Margherita Maria Alacoque promuove la comunione sacramentale del primo venerdì del mese e l'adorazione eucaristica per la riparazione dei peccati. Santa Teresa di Lisieux offre la sua vita claustrale al Signore per lo stesso intento.

Gemma Galgani, santa stimmatizzata, offre ogni giorno a Dio Padre il calice delle sue sofferenze. Lo supplica ardentemente di liberare i peccatori dalle loro infedeltà e dai loro squilibri mentali. Si difende dalle insistenti tentazioni diaboliche e dalle incomprensioni, affidandosi alla misericordia del Signore. La beata Anna Scahäffer di Monaco, terziaria francescana, nel 1901 scivola in una caldaia piena di soda bollente. Ricoverata in un ospedale, i medici non riescono a guarirla dalle ustioni. Costretta a rimanere coricata, presenta a Dio gli ininterrotti dolori, per espiare i peccati dell'umanità. Santa Teresa Benedetta della Croce nelle sue lettere confida che Dio l'ha scelta per impetrare la salvezza del suo popolo perseguitato. Manifesta di sentirsi come la biblica Esther che pregava per la sua gente, mentre era nel pericolo di morte. Condotta ad Auschwitz, condivide le sofferenze degli uomini, s'identifica con gli afflitti e infonde speranza nei loro cuori. Nel momento del sacrificio personale si dirige nella camera a gas, cantando il meraviglioso inno: "Ave, Crux, spes unica" (Ave, Croce, unica speranza). Santa Faustina Kowalska recita ogni giorno la coroncina della divina misericordia, nella quale si unisce all'offerta sacrificale di Gesù. Consegna a Dio Padre il corpo e il sangue del suo Figlio, per ottenere l'espiazione di tutti peccati[147].

San Pio da Pietrelcina fonda un gruppo di preghiera, assegnandogli la funzione di riparare i peccati dell'umanità e di promuoverne la dignità. Gli esorcisti pregano molto per liberare quelli che sono tormentati dalle vessazioni, dalle infestazioni e dalle possessioni diaboliche. I gruppi di preghiera, diffusi nel mondo, offrono a Dio le loro sofferenze e con le loro invocazioni ottengono da lui la grazia santificante.

Il beato don Giacomo Alberione, fondatore di diverse congregazioni religiose, istituisce le Pie Discepole del Divin Maestro e chiede a loro di protrarre ogni giorno l'adorazione del Santissimo Sacramento, per riparare i peccati dei cattivi operatori dei mass media.

San Giovanni Paolo II, papa molto sofferente, ha una speciale attenzione per gli ammalati e li guarda con lo stesso sguardo di Dio. Confida che prega per loro e li esorta a pregare per lui. Nel 1984 scrive la lettera Enciclica "Salvifici Doloris", in cui riconosce che la sofferenza è redentiva, se è unita a quella di Gesù (SD 19). Nel 1985 istituisce il Pontificio Consiglio per gli Operatori Sanitari e nel 1992 inaugura la Giornata Mondiale del Malato, per educare il popolo a essere più attento ai bisogni degli infermi, specialmente a quelli che sono nell'ultima fase del declino fisico.

Tutti i cristiani, che hanno un grosso spessore di fede, pregano molto e sono dei grandi riparatori. Condividono la preghiera universale, che la Chiesa innalza a Dio nelle celebrazioni eucaristiche, nella liturgia delle ore, nelle solenni implorazioni del Venerdì Santo e nelle pratiche di pietà. Ripariamo i peccati dell'umanità, elevando al Signore le nostre implorazioni.

La penitenza riparatrice

L'uomo, egoista e avaro, mira a ottenere un altissimo profitto economico. Non avverte di distogliersi dai bisogni degli altri, di segregarsi, di indurirsi, di fruttare i deboli e di maltrattarli. La penitenza segreta o pubblica, interiore o esteriore è un elemento che spinge ad aprirsi e a soccorrere i sofferenti. Suscita un movimento apposto alle propensioni egoistiche. Libera da ogni affannoso ripiegamento e isolamento. Introduce la persona ad aprirsi a Dio, a sperimentare la sua benefica azione e a lasciarsi trasformare dal suo amoroso dinamismo senza temere di perdere qualcosa.

La penitenza sempre rigenera la persona, afflitta dal male. Stimola ognuno, immerso nel torbido, ad andare verso i sofferenti, a stare vicino a loro, a soccorrerli e a sperimentare la gioia del dono. Sbaglia chi si permette di sottovalutare, escludere o rimandare la penitenza a tempi indeterminati.

I patriarchi e i profeti avevano degli evidenti difetti, inerenti alla natura umana e alla cultura del loro tempo. Tuttavia amavano i loro simili ed erano esperti penitenti. Docili alle mozioni dello Spirito Santo, soccorrevano i fratelli bisognosi. Dedicavano a loro tempo, energie e terapie, corrispondenti alle singole necessità. Alcuni gruppi ebrei con frequenza si coprivano di cenere, si laceravano le vesti, si affliggevano e digiunavano. Agivano talvolta puntando solo sull'esteriorità. Nei loro riti esisteva non di meno la volontà di affermare la sovranità di Dio sulle sue creature, di riconciliarsi con lui e riparare i propri peccati[148].

Il Figlio dell'eterno Padre, rinuncia ai suoi privilegi divini, assume la nostra carne da Maria vergine e si fa uomo. Non esigendo favoritismo per se stesso, conosce le nostre fragilità, le nostre fatiche e i nostri dolori (Fil 2,5-8). Si sottomette all'autorità dei suoi genitori (Lc 2,39-40). Vive nella povertà di scelta e provvede ai bisogni personali, adeguandosi alla comune legge del lavoro (Mc 6,3). Prima di iniziare la vita pubblica si ritira nel deserto, dove digiuna e si mortifica (Mt 4,1-2). Durante la vita pubblica si sposta continuamente, per avvicinare la gente. Si espone a parecchie sofferenze, per liberarla dal male. Si rivela attento, premuroso e compassionevole verso ogni persona. In particolare ascolta i lamenti e le suppliche accorate dei malati, che lo invocano, e li guarisce (Mc 1,41-42; Mt 9,27-30). Dedica tempo, energie e lavoro per salvare i malcapitati (Lc 10,29ss). Perdona le colpe dei peccatori pentiti. Ne cancella i debiti con Dio, li dichiara giusti e ordina a loro di non peccare più (Gv 8,11; Lc 19,10). Condanna i costumi facili e rovinosi. Rimprovera chi non si sente bisognoso di perdono (Lc 11,42ss). Racconta le parabole della misericordia in cui descrive il suo impegno e la sua fatica, per riscattare chi si trova in uno stato di perdizione (Lc 15, 1-5; 15,22-24). Educa i suoi discepoli ad amare le persone per liberarle dalle afflizioni, difenderne la dignità e superare la giustizia dei loro contemporanei (Mt 5,20).

Addossatosi i peccati dell'umanità (Is 53,4), ne porta il peso, sale sul Calvario e muore appeso a una croce (1 Pt 2,24). Soffrendo ingiustamente, rivela la pazienza di Dio (Rm 3,26). Quando risorge, non s'impone a nessuno e offre a tutti la possibilità di arrivare a Dio.

I cristiani si uniscono alle sofferenze di Gesù. Accettano le penitenze interne ed esterne, che non vanno confuse con gli atteggiamenti masochistici o le esibizioni di merito. Si logorano, per cooperare con la Chiesa al vasto compito dell'evangelizzazione, che consiste nell'indirizzare verso Gesù, unico mediatore di salvezza e autentico oppositore ai giudizi di distruzione (Col 1,25-29).

Fin dall'epoca apostolica essi vivono nella sobrietà e nella mortificazione. Attuano la teologia battesimale, che è abbandono del peccato, rinascita e vita nuova nel Signore (Rm 6,1ss). Per incrementare la carità fraterna, digiunano il mercoledì e il venerdì di ogni settimana come pure nelle vigilie delle grandi solennità e si dissetano con bevande di bassa qualità. Praticano l'abnegazione e il nascondimento, per attuare quanto scrive l'apostolo Paolo: «*Quelli, che sono di Cristo, hanno crocifisso la loro carne con le sue passioni e con i suoi desideri*» (Gal 5,24). Cercano di emulare Paolo che nelle sue penitenze missionarie si manifesta docile alla stupenda chiamata del Signore: «*Io corro, ma non come chi è senza meta*; *faccio il pugilato, ma non come chi batte l'aria, anzi tratto duramente il mio corpo e lo trascino in schiavitù, perché non succeda che dopo avere predicato agli altri, venga io stesso squalificato*» (1 Cor 9,26-27). I Padri della Chiesa istituiscono il tempo penitenziale della Quaresima, perché i cristiani sconfiggano il loro orgoglio e si preparino degnamente alla solennità pasquale.

I primi monaci d'Oriente si mortificano con inventive personali, per purificarsi interiormente, aprirsi di più a Dio e uniformarsi a Gesù, misericordioso con i suoi fratelli. Alcuni monaci russi, chiamati pazzi per Cristo, conducono una vita errabonda, passano da un monastero a un altro, dormono sui sagrati delle chiese o anche sui fienili delle campagne e trascurano l'igiene, per farsi solidali con i bisognosi[149]. Suppliscono con i propri rigori le penitenze, che dovrebbero fare i peccatori.

In Occidente diversi monaci e laici medievali, praticano penitenze volontarie, per unirsi alle opere riparatrici di Gesù, conservare la libertà interiore e sopportare le persone moleste. Si sottopongono a mortificazioni, estranee dall'insegnamento evangelico. Osservano un rigoroso digiuno nel giorno di mercoledì e venerdì. Mangiano cibi avariati o disgustosi. Indossano vesti ruvide e pungenti. Dormono sulla nuda terra o sui duri giacigli. S'immergono nell'acqua gelida o si legano a dei ceppi. Si pungono con spilli, aghi e spine. Si tagliano con vetri, forbici e coltelli. Irritano la loro pelle con delle ortiche o ne bruciano un tratto con un ferro rovente. Imprimono nella loro carne il segno della croce o il nome di Gesù. Si sferzano e si macerano in privato o in pubblico, lasciando fluire righi di sangue. Portano ai lombi un cilicio o una corda con nodi. Pongono sul capo una corona di spine. Si legano con delle catene o trascinano per più ore dei pesi. Inseriscono sassolini nei loro calzari o scelgono di camminare scalzati.

In Italia san Pier Damiani, eremita colto, si flagella e scrive dei trattati, per legittimare la penitenza e per correggerla dagli eccessi[150]. Raniero Fasani fonda a Perugia i Disciplinati di Gesù Cristo, chiamati anche i Battuti o i Flagellanti, una confraternita, dedita alla preghiera, all'assistenza dei malati e alle forme di penitenza pubblica[151]. Santa Caterina da Siena si sferza più volte nei giorni di digiuno, per espiare i peccati del mondo. San Giovanni della Croce porta il cilicio, si disciplina ogni sera e riposa su una cassapanca[152]. San Paolo della Croce si flagella in pubblico, per disporre il popolo ad ascoltare le sue meditazioni. La beata Caterina Emmerik, veggente, estatica e stimmatizzata, si distende su due tavole unite a forma di croce, per associarsi alle sofferenze di Gesù. Santa Teresa di Lisieux scrive che inventa penitenze corporali, per rendere gli uomini cittadini del cielo.

Molti odierni escludono fermamente quei tipi di mortificazione che mirano a togliere il male nel mondo. S'impongono notevoli sacrifici per aumentare i loro profitti economici e per mantenere bello, giovanile e atletico il proprio corpo. Rifiutano invece le forme di penitenza tradizionale, perché dubitano sulla loro salutare efficacia.

I cristiani, consapevoli della loro missione, apprezzano le mortificazioni volontarie e moderate. Inventano nuovi percorsi penitenziali, per riparare i danni causati dalla diffusione del permissivismo e per risanare tutti i settori della società. Propongono l'osservanza di questa equilibrata penitenza: il digiuno alimentare, informatico, ludico, visivo, verbale e consumistico.

I cristiani, che praticano delle penitenze, sono più disposti a confidare nell'inesauribile misericordia di Dio, a perdonare le offese ricevute, a comunicare agli altri le loro convinzioni di fede e rifiutare i modelli di vita contrari all'insegnamento evangelico. Facilitano così la piena conversione a Dio, migliorano i rapporti fraterni e promuovono la giustizia nel mondo.

«*Maria... si è offerta totalmente alla persona e all'opera del Figlio suo, mettendosi al servizio della Redenzione*» (LG 56). Madre dei tribolati e avvocata dei peccatori, si preoccupa che gli uomini e le donne riflettano la compassione di Dio, collaborino all'espansione del suo Regno e raggiungano la salvezza eterna. In alcune apparizioni alle giovani e insignificanti veggenti dei secoli più recenti si presenta triste, afflitta e piangente. Affida a loro, senza alcun prestigio la missione di invitare gli uomini e le donne a confidare nell'amore misericordioso di Dio, a percorrere un nuovo cammino di fede e a compiere delle penitenze.

Nell'apparizione del 26 maggio 1432 si presenta desolata a Giannetta Varoli presso Caravaggio (Bergamo). Traccia alla veggente un segno di croce sulla fronte e le chiede che i cristiani digiunino ogni venerdì, prendendo solo pane e acqua. Il 19 settembre 1846 appare afflitta a Massimino Giraud e Melania Calvat, mentre pascolano le mucche sopra il villaggio di La Salette in Francia. Porta al petto un crocifisso luccicante, siede stanca su una pietra, poggiando il capo tra le mani. Esorta i veggenti a santificare la festa e a compiere penitenze, per ottenere che il popolo si converta totalmente al Signore[153]. Nelle apparizioni di Lourdes (1858) si mostra triste, quando domanda a Bernardette Soubirou di fare penitenza per impetrare da Dio la conversione, l'elargizione della sua tenerezza su ogni peccatore e il rafforzamento della fede. Le promette che, se le darà ascolto, smusserà le sofferenze dei malati e sarà felice nella vita del Paradiso.

Nelle apparizioni di Banneux, 1933 Belgio, la Madonna si presenta alla giovane Marietta Beco e si autodefinisce la Vergine dei poveri. Chiede alla veggente di riferire alla gente di pregare molto per gli ammalati, perché ricevano un sollievo alle loro sofferenze. Nelle apparizioni di Fatima 1917 Portogallo, ripete nuovamente l'invito alla preghiera, alla conversione e alla penitenza. Supplica Lucia, Francesco e Giacinta a offrire a Dio i loro sacrifici in riparazione dei peccati. S'intristisce, denunciando la potenza distruttrice del male e raccomando l'urgente conversione degli uomini e delle donne, necessaria per ottenere la guarigione delle loro ferite[154]. Nel 1953 a Siracusa emette lacrime umane da una sua immagine. Autorevoli interpreti asseriscono che lei comunica il dolore «*del Padre, la passione del Figlio e i gemiti dello Spirito*»[155]. Tramite questo segno supplica i cristiani a impegnarsi nella riparazione delle defezioni umane. Conferma anche la validità delle preghiere riparatrici e incrementa la devozione al suo addolorato cuore. Nelle apparizioni di Kibeho, Ruanda, 1981-1989, dichiara a Marie-Claire Mukangango di essere la Madre Addolorata. Le comunica poi di attendersi dai cristiani la preghiera e la penitenza. Essi potranno allora configurarsi a Gesù crocifisso, riparare le conseguenze del peccato, impedire la diffusione d'altre sofferenze, rafforzare il dono della fede, avvicinare l'umanità a Dio, dare un significato a tutti i momenti della loro vita e ottenere la salvezza eterna[156].

Nel 1995 a Civitavecchia una statuetta della Madonna proveniente da Medjugorje lacrima sangue maschile per quindi volte e le analisi non vi trovano una risposta scientifica. Non pare che vi sia stato un astuto imbroglio. Se ne deduce che Maria piange i suoi figli smarriti. Mantiene con loro un rapporto attento e materno. Ricorda a ognuno che la redenzione eterna dipende dal sacrificio cruento di Gesù Cristo. Lo invita a considerare quanto gli è costata l'effusione di sangue e lo sollecita a trasformare il mondo[157].

Le apparizioni e le comunicazioni della Madonna a Medjugorje non sono terminate. Si è tanto indagato, discusso e studiato sui fenomeni di questo evento. Si attende la conclusione dei segni straordinari per una valutazione oggettiva. Risulta che molti cristiani hanno compreso che Maria porta a Gesù e alla sua proposta evangelica.

Preferiamo terminare l'argomento sulla penitenza riparatrice, evocando l'eroico esempio lasciato da san Massimiliano Kolbe, minore francescano. Molto istruito s'interessa delle miserie umane. Innamorato della Madonna, con l'aiuto dei confratelli fonda la Milizia dell'Immacolata. Affida ai soci del gruppo l'incarico di diffondere la conoscenza del Vangelo mediante le tecnologie moderne. Durante l'ultima guerra mondiale è imprigionato e condotto nel campo di concentramento di Auschwitz. Gli è assegnato il compito di trasportare i cadaveri. Qui chiede di sostituire un padre ebreo, condannato a morte. Assieme ad altri detenuti muore la vigilia dell'Immacolata. Con il suo volontario sacrificio ripara un'emergenza dolosa, insegna lo stile di vita cristiana e dimostra il trionfo dell'amore.

La compassione

Sintesi di ogni virtù, la compassione è la capacità di entrare nell'intimo dei sofferenti, di mettersi nella loro situazione, di provarne un sentimento d'intensa pietà e di intervenire con sollecitudine, ricorrendo alla propria competenza personale. Ben intesa, la compassione ha un effetto positivo: promuove l'amicizia, il sollievo, il conforto, la crescita spirituale, la gioia e lo sviluppo economico. Si palesa nel perdono, nella misericordia, nella condivisione, nell'eliminazione degli squilibri sociali e nella trasformazione dei miseri in dinamici artefici di dignità.

Cicerone aveva asserito che la compassione è una virtù ammirevole e amabile. Gli stoici greci e romani avevano un concetto ristretto e sbagliato della compassione. Ritenendola una malattia dell'anima, che impedisce la gioia, raccomandavano di curare l'autocontrollo e la pace interiore. Insegnavano che per essere felici occorre soddisfare i propri desideri e non lasciarsi turbare dagli eventi esterni. Attuavano la compassione solo nel cerchio familiare, parentale e amicale, mentre ignoravano le sofferenze degli estranei. Assumevano davvero un atteggiamento di distacco, di freddezza, d'indifferenza e di apatia nei confronti degli estranei. Consigliavano anche di espellere dalla comunità civile i deboli e i disabili. Non processavano, né punivano i padroni che maltrattavano, ferivano e uccidevano gli schiavi ribelli. Imitavano le divinità, ritenute irose, vendicative e spietate contro i presunti ribelli.

Il popolo condivideva queste erronee concezioni, che svalutavano e annullavano le persone. Non reagiva alla vista di molteplici forme di sofferenza, né promuoveva alcuna opera caritativa, perché badava al suo tornaconto.

Il buddismo, religione popolare nel continente asiatico, non cerca di risolvere gli squilibri sociali, fonte di tante sofferenze. Ignora gli sventurati, che languiscono nei loro miseri giacigli e muoiono senza ricevere alcun conforto. Propone soltanto l'annullamento dei propri desideri, per conseguire uno stato di soggettiva felicità.

La rivelazione biblica attesta che Dio Padre si avvicina a tutti i suoi figli. Conservando la sua trascendenza, entra nella storia di ognuno. Si qualifica indulgente, compassionevole e pietoso. Adotta un comportamento opposto ai dominatori di questo mondo che puniscono, opprimono, angustiano e uccidono con spietatezza i presunti nemici. Egli non rimane insensibile e indifferente alle afflizioni di qualsiasi persona. Guarda alle necessità di ognuna e vi dà una risposta con interventi mirati. Fin dagli inizi della storia umana assume degli atteggiamenti misericordiosi verso i suoi figli (Gn 3,8ss). Ricorrendo alla sua suprema potenza, li libera dalle maligne oppressioni e dai pericoli mortali (Es 3,16-17). Asciuga le lacrime del suo popolo prediletto e gli consegna una legislazione che garantisce la libertà, la speranza e la continuità della vita (Es 20,1ss; Is 25,8). Si mostra indulgente, benevolo e misericordioso verso gli ostinati trasgressori. Non li punisce come meriterebbero, ma li perdona e conserva con loro dei legami d'amore paterno (Es 32,11-14; 34,5-6). I profeti rilevano che la sua abituale misericordia supera i limiti del tempo e dello spazio. Assicurano che egli non smette mai di amare, di perdonare, di liberare, d'intervenire e di rinnovare il suo popolo.

I Salmisti presentano a Dio le loro difficoltà e preoccupazioni. Si affidano quindi alla sua inesauribile misericordia (Sal 6,5). Il Qohelet si rammarica, vedendo tanta indifferenza, empietà e crudeltà nel mondo greco – romano. Ne prova un grande sconforto e si attende che gli uomini mutino atteggiamento nei confronti dei loro coetanei: «*Ho poi considerato tutte le oppressioni che si commettono sotto il sole. Ecco il pianto degli oppressi che non hanno chi li consoli; da parte dei loro oppressori sta la violenza, mentre per essi non c'è chi li consoli*» (Qo 4,1). I rabbini auspicano che in ogni capoluogo ci sia un medico, che manifesti la tenerezza, la premura e la pietà di Dio verso i suoi figli.

Gesù non definisce che cosa è la misericordia di Dio, ma la dimostra con il suo annuncio, le sue parabole e le sue opere. In ogni circostanza si lascia attrarre dagli umili, dai malati e dai peccatori. Li avvicina e dialoga con loro. Spinto da un grande anelito di compiere del bene, non aspetta che essi si rechino da lui, ma egli stesso li cerca e li incontra. Sta con loro, anche se ha poco tempo a disposizione. Lancia uno sguardo penetrante sul loro intimo e coglie cosa hanno dentro di sé. Ne comprende i profondi disagi e i costanti desideri di uscire dalle loro sventure. Se n'emoziona fortemente. Intuisce quello che deve fare e agisce subito. Li tocca e li libera dalle loro apprensioni, senza puntare sui profitti personali. Manifesta l'immensa tenerezza e carità di Dio verso le vittime del male. Consiglia anche gli sfiduciati e infonde in loro la speranza. Corregge parimenti chi sbaglia e ammonisce chi è intransigente con gli altri. Non dice mai quel tale non ha niente di buono.

Egli si rivela il medico, il bel pastore e il buon samaritano che indica ai suoi simpatizzanti la via da percorrere per uscire dalle crudeltà e difendere la vita di ogni persona. Nel ministero pubblico passa beneficando la gente con le sue istruzioni, guarigioni ed esorcismi. Concentra il suo messaggio evangelico sulla misericordia, che compendia i comandamenti di Dio e le virtù teologali. Gioisce nell'offrire a ognuno segni di misericordia. Insegna che essa ha un valore più grande del sacrificio (Mt 9,13). Chiede ai suoi discepoli di guardare i sofferenti come fa lui, di non sottovalutare le loro necessità e di compiere dei risolutivi rimedi. Promette uno stato di beatitudine a quelli che recano prestazioni di sollievo ai tribolati (Mt 5,7). Sulla croce prega, perdona e si mostra misericordioso anche con i nemici.

Fin dagli inizi l'arte cristiana si compiace di raffigurare Gesù, che avvicina i sofferenti. Non resta indifferente alla loro situazione, ma li compassiona, guarisce e rallegra. Anticipa l'attività diagnostica, terapeutica e riabilitativa degli odierni operatori sanitari. Coscienti della loro missione, non erigono barricate di ordine sociale o religioso, né abbandonano gli ammalati, bensì si prendono cura di loro. Adempiono quanto è tecnicamente possibile per ognuno e ne provano un'intima soddisfazione.

Gli apostoli e i discepoli assimilano gradualmente lo stile di vita del loro Maestro. Illuminati dalla potenza dello Spirito Santo, scoprono quant'è grande la misericordia divina. Quando sono mandati ovunque da Gesù, prestano una gioviale attenzione ai sofferenti. Ne condividono i dolori senza riluttanze. Mediante una pluralità di servizi rendono visibile l'amore salvifico di Dio. Non potendo essere onnipresenti, ordinano dei diaconi e li incaricano di soccorrere i bisognosi di uno sguardo, un sorriso, un servizio e una parola appropriata (At 6,3). Con la loro attività infondono speranza e serenità e gioia. Echeggiando l'insegnamento profetico, l'apostolo Giacomo precisa: «*Una religione pura e senza macchia davanti a Dio nostro Padre è questa: soccorrere gli orfani e le vedove nelle loro afflizioni e conservarsi puri da questo mondo*» (Gc 1,27).

I cristiani scorgono nei tribolati e nei malati la presenza di Gesù, che ha sofferto per redimere l'umanità dal male. Cercano di conoscerli, capirli, soccorrerli, rialzarli e rincuorarli. Sacrificando se stessi, creano con loro un rapporto di amore e di fiducia.

Nel corso della storia inventano istituzioni, incrementano strutture di accoglienza in loro favore e nell'arte sacra raffigurano le sette opere di misericordia corporale. I monaci orientali e occidentali annoverano tante persone che si sono distinte con i loro servizi al prossimo e hanno riscosso apprezzamento. Ne evochiamo alcune del nostro continente, vissute nel secondo millennio.

San Bernardo di Chiaravalle educa il popolo a essere coraggioso, solerte, disponibile e compassionevole verso gli ultimi, bisognosi di cambiare la loro penosa situazione. San Francesco d'Assisi abbraccia i lebbrosi, s'intenerisce davanti agli infermi e vede in loro le sofferenze di Gesù. Prestando a loro i più elementari aiuti, ne attenua i dolori e determina lo stile di vita degli Ordini francescani. San Giovanni di Dio apre a Granada un ospedale, per curare gli ammalati e smorza le loro apprensioni. Fonda l'Ordine dei Fratelli Ospedalieri, i Fatebenefratelli, perché rendano visibile la compassione del Signore. San Camillo De Lellis chiama i malati con il titolo di miei Signori e Padroni. Vede in loro l'immagine di Gesù piagato (Mt 25,25-26) e li serve con amore. Stabilisce l'Ordine dei Ministri degli Infermi, denominati Camilliani. Delibera che indossino un abito, fregiato da una croce rossa, e affida a loro il compito di assistere gli ammalati. San Vincenzo De' Paoli avvia l'Istituto delle Figlie della Carità, le prime suore non claustrali, che si occupano degli emarginati. San Giuseppe Benedetto Cottolengo, san Giovanni Calabria, san Luigi Orione, il beato Luigi Guanella, la beata Teresa di Calcutta, il beato Luigi Monza e altri fondatori istituiscono nuove famiglie religiose, che testimoniano la tenerezza di Dio verso i bambini, i poveri, i disabili, i malati, i vecchi e gli abbandonati. L'Abbé Pièrre, prete e politico, si dedica con discrezione agli ultimi. Sceglie questo piacevole motto d'azione: «*Il più sofferente sia il primo servito*».

Il Concilio Vaticano II rileva che l'esercizio della misericordia sana le ferite umane ed è uno strumento di fecondo apostolato. L'episcopato italiano difende l'attività della *Caritas* e ne elogia il dinamismo. Stima le Associazioni volontaristiche, che si accollano a estenuanti fatiche e danno una risposta positiva alle emergenze quotidiane.

San Giovanni Paolo II pensa alle alterazioni e deformazioni dei malati. Promuove nella Chiesa atteggiamenti misericordiosi. Asserisce che tutti hanno la facoltà di mostrarsi misericordiosi, anche se non sono cristiani. Come abbiamo ricordato nel 1984 scrive la lettera Enciclica "Salvifici Doloris", in cui esorta a unire le proprie sofferenze a quelle redentive di Gesù (SD 19).

Benedetto XVI pubblica l'Enciclica "Deus caritas est" (Dio è carità), in cui spiega che Dio è essenzialmente amore, auto-donazione e misericordia. Nella successiva Enciclica "*Caritas in veritate*" (La Carità nella verità) esorta gli uomini di buona volontà, specialmente le organizzazioni caritative cattoliche, a guardare con attenzione i sofferenti, ad accogliere gli emigranti, a eliminare le ingiustizie sociali e a difendere la dignità di ogni persona.

Il papa, Francesco Bergoglio, continua il magistero dei suoi recenti predecessori. Parla spesso della misericordia divina, che gode poca attenzione in molti. Vi conferisce una dimensione teologica, etica, sociale e politica. Si mostra misericordioso con tutti, specialmente con i più poveri. Deplora la cultura del profitto, artefice d'ingiustizia, scarto, indigenza, contestazione e afflizione. Attesta che le discipline ecclesiastiche come la dogmatica, la sacramentaria, la morale, la spiritualità e il diritto esigono atteggiamenti misericordiosi. Insiste che occorre dare concreti segni di tenerezza, per riparare i molteplici peccati, eliminare la crescita dei rancori, bloccare le vendette sui veri o supposti torti, impedire l'autodistruzione e migliorare il tenore della vita.

Sapendo che ad alto livello si discute e si scrive molto sulla giustizia, sulla pace e sull'ecologia, nel cinquantesimo anniversario del Concilio Vaticano II indice il Giubileo straordinario, l'Anno Santo della Misericordia. Spera che la Chiesa, che ci ha generato nella fede battesimale, mostri il volto misericordioso di Dio e dia segni concreti di accoglienza, tenerezza, clemenza, perdono e consolazione[158]. Accogliendo il suo autorevole insegnamento, i cristiani accettano questa proposta di vita. Organizzano strutture di soccorso a livello parrocchiale, diocesano, nazionale e internazionale. Recano ai bisognosi una testimonianza di pronto intervento. Inventano iniziative, che educano a prediligere la misericordia e a perfezionare la parte più preziosa della vita.

Le teorie opposte alla compassione

I movimenti idealisti, sorti negli ultimi secoli, si concentrano sui problemi filosofici, psicologici, religiosi, economici e politici della gente. Difendono il diritto dell'autonomia, del lavoro, della comunicazione, dell'affermazione personale, della superiorità di razza, dell'efficienza tecnica, del rendimento, della competizione e del divertimento, mentre ignorano le leggi naturali, trascurano le regole etiche e morali, non raccomandano gesti di misericordia, acconsentono al dispiegamento di mezzi opprimenti e scatenano tragedie insanabili. Reputano saggio chi bada a se stesso, non si affatica per il bene comune ed evita la collaborazione fraterna. Considerano stupido chi relativizza il suo profitto e si consuma, per garantire dei servizi ai deboli.

Presentiamo succintamente l'insegnamento anticristiano di tre persone, divenute molto celebri. Lo storico e politico, Nicolò Machiavelli (1469-1527) nel Principe, sua maggiore opera, non loda gli uomini e le donne che con i loro numerosi atti d'amore liberano i sofferenti dalle loro afflizioni e ne incrementano la potenziale efficienza. Pur essendo contro il teppismo e il terrorismo, elogia i capi di Stato, che ricorrono alle minacce e all'impiego delle armi, per ampliare il loro potere. Non si accorge che l'applicazione di quest'ideologia precristiana, toglie la libertà alle persone e le riduce a essere delle marionette, manovrate dai dittatori.

Il filosofo, economista e sociologo, Karl Marx (1818-1883), non crede nell'esistenza di Dio. Pensando che esista solo la materia, esclude la dimensione spirituale dell'uomo e lo priva della sua naturale libertà. Reputa che la religione sia l'oppio dei popoli e il gemito della creatura oppressa. Non ne conosce il carattere impegnativo e austero, che libera gli uomini dalla terribile schiavitù del peccato. Rifiuta le iniziative caritative, perché esse sarebbero delle fallaci consolazioni, fungerebbero da strumento ideologico, fomenterebbero le ingiustizie sociali, favorirebbero i potenti sfruttatori e terrebbero sottomessi i loro dipendenti. Nel suo celebre libro, il Capitale, esamina i fenomeni che generano la ricchezza e la povertà. Stabilisce che si tolgano le leggi che riducono l'uomo a macchina produttiva e producono gli squilibri tra borghesia e proletariato. Decide che si modifichi il sistema capitalistico e si avvii la dittatura della classe operaia, desiderosa di emancipazione. Ottiene ampi consensi dai rivoluzionari, che inaugurano il comunismo reale. La sua concreta teoria ha un breve trionfo, ma poi fallisce, perché i dittatori statali tolgono la libertà ai popoli, bloccano l'iniziativa privata, fomentano il disinteresse produttivo, propagano il sospetto vicendevole, giustificano i crimini del sistema vigente, causano distruzioni su vasta scala, instaurano una società che soffoca la vita, suscitano l'odio tra padroni e servi, impediscono alla gente di trascendersi e di arrivare alla piena realizzazione di se stessa.

Il filosofo Fiederich Nietzsche indaga molto sull'origine delle sofferenze. Ne trova la causa nella concezione di Dio esigente, severo, punitore, terribile e inquietante. Per liberare i cristiani dalla nevrosi del peccato e conferire a loro la gioia della vita, nega l'esistenza di Dio e inaugura un nuovo modo di pensare. Conserva qualche simpatia per Gesù, ma rifiuta il suo insegnamento sull'uguaglianza fraterna, sulla compassione e sul volontario soccorso agli indigenti. Precisa che egli avrebbe sbagliato ricetta sulla redenzione dal male: «*Il fondatore del cristianesimo pensava che per nessun'altra cosa soffrono gli uomini tanto fortemente quando per i loro peccati: è stato il suo errore, l'errore di colui che si sentiva senza peccato... Così la sua anima si colmò di quella meravigliosa fantastica pietà che... raramente era sentita come una grande miseria*![159]». Ritiene che la compassione sia uno strumento inutile, logorante e deprimente. Asserisce che l'uomo migliora, progredisce, si afferma e raggiunge la vetta della perfezione, puntando su altre gestualità. È convinto che l'uomo possa creare una nuova civiltà, coltivando l'indifferenza alle attese altrui, soddisfacendo i propri impulsi e badando al libero profitto.

Accusa i cristiani di aver oppresso le persone, imponendo a loro un'esagerata sequenza di obblighi morali e di averle oberate di gravi sensi di colpa. Proibisce quindi ogni forma di pietà. «*In verità non amo i compassionevoli, tutti soddisfatti della loro compassione*: *troppo essi mancano di umiltà. Se sarò pietoso non vorrò esser chiamato tale; e se lo sono ch'io lo sia di lontano*»[160]. «*Fratelli, io non consiglio l'amor del prossimo, vi consiglio l'amore del più lontano*»[161]. «*Dove stanno i tuoi pericoli? Nella compassione*»[162].

Nietzsche rifiuta l'insegnamento della Scrittura, la dottrina teologica della Chiesa e i principi etici. Pensa di migliorare la vita umana, proponendo il nichilismo, il soggettivismo e l'efficientismo. In realtà peggiora quanto mai la situazione esistenziale, perché favorisce l'anarchia, disgrega i valori acquisiti e fomenta l'egemonia dei potenti. Avvicinandosi alla morte, smorza la sua attività letteraria ed entra nell'abisso della follia.

Alcuni pensatori approvano la sua ideologia. Negano l'esistenza di Dio. Immaginano che la radicale fiducia in lui sia un vero ostacolo alla libertà e all'agiatezza umana. Credono che la morte annulli totalmente la persona e che sopravvivi soltanto nella memoria dei viventi. Ritengono che sia impossibile sostenere una stretta collaborare con i difensori della tradizione evangelica. Detestano le loro pubbliche dichiarazioni di fede e i loro intenti di aiutare i più deboli. Li rimproverano di ostacolare la felicità, di aborrire il raziocinio, di rifiutare le conquiste della scienza e di essere troppo rigidi nell'applicazione delle norme etiche. Tacciano inoltre di antimodernismo chi rifiuta i loro erronei postulati. Idealizzano una società, dove ognuno è autonomo e sovrano. Sono pensatori incoerenti, disonesti, dispotici, influenti e violenti. Si lamentano, se non ricevono i soccorsi, quando sono colpiti da malattie o da ingiustizie, mentre giustificano l'indifferenza, l'anarchia morale, il relativismo etico e il disinteresse per i poco dotati.

Papa Benedetto XVI scrive sulla carità: «*L'umanesimo che esclude Dio è un umanesimo disumano*»[163]. Un consistente numero di coloro che si professano atei, non accetta la sovranità di Dio nel creato e pretende di dominare indisturbata su ogni cosa. Non conoscendo l'agire misericordioso di Dio, si esalta, si crede onnipotente, bada solo ai propri profitti, rifiuta di pregare, scansa le fatiche disgustose, esige stima, misconosce i diritti degli altri, opprime sovente i deboli, diffonde inquietudine e giustifica con abilità le sue scelleratezze.

Occorre opporsi a quegli ideologi che, riducendo l'uomo a pura materia, relativizzano i gesti di pietà, trascurano le attese dei bisognosi e fomentano irreparabili conflitti. Il vero umanesimo non risolve immediatamente i problemi, che sorprendono e assillano la vita quotidiana. Tuttavia, avvalendosi del progresso della scienza, esso promuove la giustizia sociale, difende la dignità dei deboli e suscita collaborazione fraterna[164].

Papa Benedetto XVI aggiunge sulla carità di Dio e sul vero umanesimo, che va attuato personalmente secondo le proprie competenze: «*La passione di Gesù più che proclama della fraternità in astratto è annuncio di come instaurarla in un mondo dove l'uomo si è fatto lupo all'altro*»[165]. «*Ad un mondo migliore si contribuisce soltanto facendo del bene adesso ed in prima persona, con passione e ovunque ce ne sia la possibilità, indipendentemente da strategie e programmi di partito*»[166].

Ogni giusto non si lascia condizionare dagli ostacoli ideologici del suo tempo e del suo ambiente. Egli possiede una conoscenza esatta dei suoi limiti, una distinta umiltà e una profonda finezza d'animo. Vincolato all'immenso amore di Dio, si orna di santa pazienza e stempera acredini, rivalità, arroganze, intransigenze, odi, minacce, pericoli e disagi. Senza pretendere tornaconti personali, si fa compassionevole con ogni persona, immagine e somiglianza di Dio, sintesi e vertice di tutto il creato. Sorretto dalla potente forza, combatte le ipocrisie, impedisce le crudeltà, disapprova i vizi, soccorre gli sventurati, ristora gli affamati, consiglia i dubbiosi, garantisce la qualità della vita, reca sollievo agli infermi terminali e li accompagna nel loro spegnimento. Svolge un servizio solerte, qualificato, delicato, rispettoso e gradito. In questi giorni molti volontari italiani hanno dato una commovente e lodevole testimonianza di solidarietà. Non sono rimasti indifferenti alla sventura dei terremotati, ma hanno risposto ai loro angosciosi appelli. Si sono affrettati nel luogo del sisma e hanno salvato parecchie persone, imprigionate dalle macerie. Ora studiano con le autorità civili di lenire le loro sofferenze e di riorganizzarne la vita.

Bibl. Principale: AaVv, *Violenza*, Morcelliana, Brescia 1980; L. RETIF, *Soffrire, perché?* o. c., pp. 105-142; A. GRÜM, *Il messaggio della salvezza e l'uomo moderno*, in Boll ST, 2 (1975); H. VOLK, *La comprensione cristiana del dolore*, in Boll St, 2 (1977); AaVv, *L'umana pietà*, in Servitium 96, CENS, Liscate Milano 1994; A. KREINER, *Dio nel dolore*, Ed. Queriniana, Brescia 2000; P. EVDOKIMOV, *Dostoveskij e il problema del male*, Città Nuova Ed., Roma 1995; DENIS E MATTTHEW LINN, *Come guarire le ferite della vita*, Ed. Paoline, Cinisello Balsamo (MI), 1999; PHILIPPE MADRE, *Beati i misericordiosi*, Ed. Àncora, Milano 1996; GUILHEM CAUSSE, *La misericordia di come saggezza*, in CivCatt , 9 aprile 2016, p. 3-

[1] Cf Es 13,16; 13,11-16; Dt 6,6-8.

[2] Vi è un'allusione in Ap 7.3-4 ed una testimonianza nel Pastore di Erma, similitudine 9,15.

[3] AGOSTINO D'IPPONA, *Commento a Giovanni* 19,23-24, omelia 118,5, Città Nuova Ed. XXIV/2, Roma 1978, p. 1553.

[4] TERTULLIANO, *La Corona* 3,4, Ed. Paoline, Roma 1990, p. 153.

[5] IPPOLITO DI ROMA, *La tradizione apostolica*, o. c., pp. 99-100.

[6] ATTI DEI MARTIRI, o. c., vol. 2, p. 31.

[7] BASILIO DI CESAREA, *I Martiri*, Città Nuova Ed. 147, Roma 1999, p. 95.

[8] GIROLAMO, *Le Lettere,* lettera XXII, 37, Città Nuova Ed., vol. I, Roma 1961, p. 221.

[9] CIRILLO DI GERUSALEMME, *Catechesi*, XIII, 36, o. c., p. 262.

[10] AGOSTINO D' IPPONA, *Commento a Giovanni*, 2,23-25, omelia XI,3, Città Nuova Ed., XXIV/1, Roma 1978, p. 257.

[11] AGOSTINO D'IPPONA, *Commento a Giovanni,* 12,8, omelia 50,12, Città Nuova Ed. XXIV/1, Roma 1968, p. 1011.

[12] AGOSTINO D'IPPONA, *Discorsi/1*, 2,23-25, discorso 32,13, Città Nuova Ed., XXIX, Roma 1979, p. 589.

[13] GAUDENZIO DI BRESCIA, *I Sermoni, sermone* VIII, 18, Città Nuova Ed. 129, Roma 1996, p. 77.

[14] P. GIGLIONI, *La Croce ed il Crocifisso*, Libreria Ed. Vaticana, Città del Vaticano 2000, p. 32.

[15] RITO DEGLI ESORCISMI RIFORMATO, n. 62, Promulgato da Giovanni Paolo II, anno 2001.

[16] GIOVANNI CRISOSTOMO, *Le Catechesi battesimali*, IV,6, Città Nuova Ed., Roma 1983, p. 83.

[17] LEONE MAGNO, *Il Mistero Pasquale, Ottavo discorso sulla passione del Signore*, III,7, o. c., p. 127.

[18] GREGORIO MAGNO, *Vita e miracoli di S. Benedetto da Norcia*, libro II, c. 3, in La Voce dei SS. Padri, Vol V, o. c., p. 729.

[19] Ivi, libro II, c. 2, p. 727.

[20] GREGORIO MAGNO, *Vita di San Benedetto e la Regola*, n. 20, Città Nuova Ed., Roma 1986, p. 100.

[21] EUGESIPPO, *Vita di Severino*, 15,4; 28,3; 38,2, Città Nuova Ed. , Roma 2007.

[22] ENRICO JOLY, *Psicologia dei santi*, DESCLÉE & C., Roma 1932, p. 146.

[23] THOMAS MERTON, *Che sono queste ferite*? , Garzanti Ed., Milano 1952, pp. 76-77.

[24] SAN BONAVENTURA, *Leggenda minore, Vita di S. Francesco d' Assisi, IV, Lezione seconda*, p. 443; *Leggenda Maggiore*, XII, 3, o. c., p. 319; XI.5, p 307.

[25] TOMMASO da CELANO, *Vita di Chiara d'Assisi*, Città Nuova Ed., Roma 1991, pp. 50-52.

[26] ANGELA DA FOLIGNO, *L'esperienza di Dio Amore*, a cura di Salvatore Aliquò, Città Nuova Ed., Roma 1972, p. 123.

[27] T. MARINI, *I Santi e le Sante per ogni giorno dell'anno*, vol. 3, Ed. Paoline, Aba 1952, p. 340.

[28] F. KOLWASKA, *Diario*, o. c., n. 540, p. 361.

[29] MADRE TERESA DI CALCUTTA (a cura di), *Le mie preghiere*, Biblioteca Universale Rizzoli, Milano 1997, Undicesimo mese, n. 28, p.148.

[30] IPPOLITO, *La Tradizione Apostolica,* 41, o. c., p. 97.

[31] I. GOBRY, *Storia del monachesimo*/1, Città Nuova Ed., Roma 1991, p. 70.

[32] TEOFILO MOLDAVÁN, *Monachesimo nella Chiesa Ortodossa*, in Dizionario Teologico della Vita Consacrata, Ed. Àncora, Milano 1994, pp.1108-1110.

[33] GIOVANNI CASSIANO, *Le istituzioni cenobitiche* Libro III,9, Abbazia di Praglia (PD) 1986, p. 92.

[34] TOMMASO da CELANO, *Vita di Chiara d'Assisi*, o. c., p. 48.

[35] MARIO SGARBOSSA, *Bonaventura, il teologo della perfetta letizia*, Città Nuova, Roma 1997, p. 80 e p. 128

[36] SAN BONAVENTURA, *Opuscoli spirituali, La vita perfetta*, V, 3, Città Nuova, Roma 1992, p. 351

[37] T. GOFFI, *La Spiritualità dell'ottocento*, EDB, Bologna 1989, pp. 128-129.

[38] AaVv, *Le mistiche e la croce,* Ed. Àncora, Milano 203, p. 91.

[39] TOMMASO STRUZZIERI, *Testi spirituali*, in riv. FV (1967), pp. 124-125.

[40] PIER DAMIANI, *Il cammino verso la luce*, Ed. Messaggero, Padova 1987, pp. 62-63.

[41] SAN BERNARDO, *Sermoni sul Cantico dei Cantici/ 2*, Sermone LX!, Ed Fondazione di studi cistercensi, Milano 2008,, pp. 319-323.

[42] I. GORY, *Margherita M. Alacoque e le Rivelazioni del S. Cuore*, Città Nuova Ed., Roma 1992, p. 11.

[43] L'IMITAZIONE DI CRISTO, Libro II, 1,4, o. c., p. 72.

[44] S. GELTRUDE, *Le rivelazioni,* vol. I, Ed. Cantagalli Siena 1991, p. 270.

[45] CIPRIANO VAGAGGINI, *Il senso della liturgia*, Ed. Paoline, Roma 1965, p. 751.

[46] S. GELTRUDE, *Le rivelazioni*, vol. II, Ed. Cantagalli Siena 1991, p.132.

[47] TOMASO da CELANO, *Vita di Chiara d'Assisi*, o. c., p. 48.

[48] GIOVANNI TAULER, *Opere*, *Predica* 48, Ed. Paoline, Alba 1977, p. 391.

[49] Ivi, *Opere, Divine Istituzioni*, o. c., n. 7, p. 660.

[50] Ivi, *Opere, Predica* 61, o. c., p. 485.

[51] S. VERONICA GIULIANI, *Un tesoro nascosto* 2, Città del Castello 1971, p. 49.

[52] PAOLO DELLA CROCE, L. IV, o. c., p. 226.

[53] PAOLO DELLA CROCE, L.. I, o. c., p. 260.

[54] I. BONETTI, *Le Stimmate della Passione*, Arti grafiche, Rovigo 1952.

[55] NN, *Le più belle preghiere della tradizione*, Ed. PIEMME, Casale Monferrato (AL) 1995, p. 117.

[56] Ivi, p. 117.

[57] FRANCESCO D'ASSISI, *Scritti*, *Lodi per ogni Ora*, o. c., p. 175.

[58] BONAVENTURA, *La vite mistica*, a cura di Francesco Maccono, UTET, Torino 1947, c. III, 3, p. 275.

[59] S. GELTRUDE, *Le rivelazioni*, vol. I, o. c., p. 216.

[60] Ivi., p. 225.

[61] CATERINA DA SIENA, *Le Orazioni*, *Orazione* XII, Ed. Cantagalli, Siena 1993, p. 111.

[62] PAOLO DELLA CROCE, L I, o. c., p. 280.

[63] BENEDETTO XVI, *Lettera a Peter –Hans Kolvenbach*, generale della Compagnia di Gesù, 15 maggio 2006.

[64] 1 Cor 11,25; Eb 9,11-12; Gv 1,36; Ap 7,14; 1Pt 1,19; Ap 1,5.

[65] CLEMENTE ROMANO, *Cor* 7,4, in I Padri Apostolici, o. c., p. 53.

[66] IGNAZIO D'ANTIOCHIA, Ef 1,1, in I Padri apostolici, o. c., pp. 99-100.

[67] IGNAZIO D'ANTIOCHIA, Fil,4,1, in I Padri apostolici, o. c., p. 128.

[68] R. PACILLO, *Il sangue di Cristo, nei padri Apostolici*, 1, Roma 1981; *Il sangue di Cristo negli apologisti greci, san Giustino*, 5, Pia unione Preziosissimo sangue, Roma 1982.

[69] DIONIGI TETTAMANZI, *San Carlo e la Croce*, NED, Milano 1984, p. 38; p. 42.

[70] PAOLO DELLA CROCE, L. III, o. c., p. 64.

[71] INNO, *Te Deum laudamus.*

[72] MESSALE ROMANO, *Preghiera conclusiva della messa votiva del preziosissimo sangue,* o. c., p. 842.

[73] GIACULATORIA, *raccomandata al popolo e da recitarsi in qualsiasi momento e specialmente all'offertorio della celebrazione eucaristica.*

[74] P. ALONSO, *S. Vincenzo Strambi e il Prez. Sangue*, in riv. F V (1958), pp. 107-120.

[75] F. GIORGINI, *Storia dei Passionisti*, o. c., p. 283.

[76] L. CONTEGIACOMO, *San Gaspare del Bufalo*, in riv. F V (1958), pp. 139-158.

[77] AaVv, *Maria De Mattias*, In OR, speciale 18 maggio 2003, pp. 10-14.

[78] F. AMOROSO, *Il B. Vincenzo Pallotti*, in riv. F. V. (1958), pp. 159-171.

[79] GIOVANNI XXIII, *Encicliche e discorsi*, vol. 2. Ed. Paoline, Alba 1961, p. 247.

[80] CARSTEN P. THIEDE, M. D'ANCONA *La vera croce*, Mondadori Ed. 2001, p. 144.

[81] GIROLAMO, *Le Lettere*, lettera 108,9, Città Nuova Ed., vol. III, Roma 1962, p. 287.

[82] R. E. BROWN, *La morte del Messia*, o. c., pp. 1446-1451.

[83] J. LECLERCQ, *Spiritualità del medioevo* 3/1, o. c., pp. 224-234.

[84] RINO CAMILLERI, *Il kattolico crociate*, in Il Timone, Novembre 2010, pp. 20-21.

[85] MORDECHAY LEWY, *Gerusalemme in Acquapendente*, In OR 23 luglio 2001, p.5.

[86] AaVv., *Sacri monti*, in riv. 30 Giorni 10 (2004), speciale santuari, pp. 4-15; G. FRANGI, *Il realismo della fede popolare* in 30 Giorni 5 (2004) pp. 70-74; Ivi., *Il sacro monte in cammino*, in 30 Giorni 6 (2004) pp. 68-73; Ivi., *Il realismo della fede,* in 30 Giorni 11 (2004), speciale santuari, pp. 10-14).

[87] M. J. PICARD, *Croix* (chemin de), in DSp, II-2 -1953, coll. 2581-2599.

[88] S. GORI, *Il mistero della croce nell'apostolato di san Leonardo da Porto Maurizio*, in riv. Sap Cr., vol. 2, pp. 277-287.

[89] C. VAIANI, *La Via Crucis di san Leonardo da Porto Maurizio*, Ed. Glossa, pp. 151-152.

[90] C. BROVETTO, *Aggiornamento della Via Crucis*, in riv. F V, 4 (1969), pp. 25-43; *S. Leonardo da Porto Maurizio*, in *La Spiritualità cristiana nell'età moderna*, Borla Ed., Città del Castello 1987, pp. 236-238.

[91] G. MASCHERPA, *Fedeltà al Bambino*, in Ed. Messaggero, marzo (2004), p. 10.

[92] SAVINO PALUMBERI, *Cristo risorto leva della storia*, o. c., p. 120.

[93] AaVv, *Via Lucis,* ELLE DI CI, Leumann (TO) 1990; S. PALUMBERI, *Via paschatis*, ELLE DI CI, Leumann (TO) 2001; *Vivere la gioia*, Città Nuova, Ed. Roma, 1992.

[94] PHILIPPE FERLAY, *Il cuore di Cristo, mistero di Dio*, Ed. Dehoniane, Roma 1996, p. 109.

[95] TERESA D'AVILA, *Opere, Vita*, 9,4, o. c., p. 101.

[96] GEMMA GALGANI, *Gesù solo*, Città Nuova Ed., o. c., pp. 96-97; 99.

[97] L. DEHON, *Vita d'amore nel cuore di Gesù*, o. c., p. 46.

[98] J. BOUFLET, *Edith Stein*, Ed. Paoline, Milano 1998, p. 276.

[99] AaVv, *Relazioni su Edih Stein,* Simposio internazionale, Teresiamun, Roma 1998.

[100] F. KOWALSKA, *Diario*, o. c., n. 572, p. 820.

[101] C. VIVALDELLI, *Gesù ti amo*, Ed. Il Dono, Mantova 1991, pp. 14-55.

[102] MICHAEL HESEMANN, *Testimoni del Golgota*, o. c., p. 50.

[103] EGERIA, *Pellegrinaggio in Terra Santa*, 37,1, o. c., p. 163.

[104] CIRILLO DI GERUSALEMMME, *Le Catechesi, Catechesi quarta,* X, o. c., p. 83.

[105] Ivi, *Catechesi* XIII, 4, p. 138.

[106] BRUNO LEONI, La *Croce e il suo Segno*, S. A. T.; Verona 1968, p. 1790.

[107] GEORGERS GHARIB, *Le Icone di Cristo, Storia e Culto*, Città Nuova Ed., Roma 1993, p. 18.

[108] E. TESTA, *Herodion* IV, *I graffiti e gli ostraka*, Franciscan Printing, Jerusalem 1972, pp. 111-118.

[109] EGERIA, *Pellegrinaggio in Terra Santa*, 24,7, o. c., p. 133.

[110] NICETA DI REMESIANA, *Catechesi preparatorie al Battesimo,* Città Nuova Ed. 53, Roma 1985, p. 36.

[111] Ivi, p. 112.

[112] LEONE MAGNO, *L'*osse*rvanza cristiana*, Ed. Paoline, Alba 1966, p. 195.

[113] SOFRONIO DI GERUSALEMME, *Le Omelie*, omelia III, Città Nuova Ed. 92, Roma 1991, p. 123.

[114] GIOVANNI DAMASCENO, *Difesa delle immagini sacre*, *Discorso* I, Città Nuova 36, Roma 1983, p. 79; *Discorso* III, p. 167.n

[115] AaVv, *Testi mariani del primo millennio*, vol. II, Città Nuova Ed., Roma 1989, p. 763.

[116] G. POLIDORO, *Francesco*, Porziuncola, Assisi 1991, p. 20.

[117] Ivi., p. 50.

[118] IGNAZIO DI LOYOLA, *Esercizi Spituali,* 167, ADP, Roma 1991, p. ?

[119] Ivi, Es. Sp. , o. c., p. 195.

[120] Ivi , Es. Sp, o. c . p. 196.

[121] Ivi, Es. Sp. o. c., p. 197.

[122] TERESA D'AVILA, *Opere*, *Vita.* 9,1, Postulazione Generale, Roma 1969, p. 100.

[123] FRANCESCO T. MOLTEDO, *Vita di S. Antonio M. Zaccaria*, Tip. M. Ricci, Firenze 1897, p. 335.

[124] GIULIO BARBERIS, *Vita di San Francesco di Sales*, Società Ed. Internazionale,Torino 1944, p. 278.

[125] Ivi, p. 336 e p. 486.

[126] Ivi, *Alla Contessa Di Rossillon*, p. 223.

[127] PAOLO DELLA CROCE, L. 2, o. c., p. 825.

[128] IGINO GIORDANI, *Maddalena di Canossa*, Ed. Morcelliana, Brescia 1957, p. 199.

[129] E. SANGALLI, *Storia di una contestazione*, Tip. Franciscanun, Brescia 1974, p. 226.

[130] TARSICIO M. PICCARI, *Dio solo e Gesù Crocefisso, Maddalena di Canossa*, o. c., p. 61.

[131] VITTORIO BARTOCCHETTI, *Maria Crocifissa Di Rosa*, Tip, A. Macioce- Pisani, Isola del Litri, p. 250.

[132] F. MOLINARI, *Maria Crocifissa Di Rosa*, Ed. Paoline, Cinisello B. (MI) 1987, p. 82.

[133] GINO LUBICH – PIERO LAZZARIN, *Don,Calabria,* Città Nuova Ed. Roma 1995, pp. 1960-1961.

[134] DON G. CALABRIA, *Lettera, giugno* 1954, in L'epistolario, NED, Milano 1989, p. 16.

[135] Ivi, *Lettera 10 Novembre* 1950, p. 70; *Lettera 4 giugno* 1951, p. 83, *Lettera 7 settembre* 1951, p. 101.

[136] MESSALE ROMANO, *Adorazione della Santa Croce*, o. c., p. 153.

[137] MESSALE ROMANO, *Venerdì Santo, Adorazione della croce*, o. c., pp.155.

[138] P. STELLA, *Il triduo sacro nella pietà pon spolare italiana del sette e ottocento*, in Riv. Lit 1 (1968), pp. 68-75.

[139] PIER GIUSEPPE ACCORNERO, Sindone, Ed. Paoline, Milano, 2013, p. 126.

[140] R. CANTALAMESSA, *Davanti al sacro lino si può pregare*? In Avvenire, 7/3/ 2010, Agorà, p.1.

[141] Cf Gal 5,22; Rm 14,17; 1 Ts 1,5-6.

[142] L'IMITAZIONE DI CRISTO, *Libro* II,XII,5, o. c., pp. 91.

[143] CCC, Compendio, 57.

[144] GIOVANNI PAOLO II, *Enciclica Salvifici Doloris*, 19.

[145] Cf Nm 17,12-13; Lv 16; 17.

[146] CLEMENT GUILLON, *La croce nella dottrina spirituale di s. Giovanni Eudes*, In S C, vol. 2, p. 383.

[147] F. D. LIGURGO, *La passione di Gesù nell'esperienza mistica di santa M. F. Kowalska*, in riv. Sap Cr 1 (2002), pp. 63-64.

[148] Cf Gd 4,11-15; 9,1; Gb 2,8; 42,6; Sal 102,10; Est 4,3.16.

[149] LOUIS BOUYER, 4 *Spiritualità bizantina ed ortodossa*, EDB, Bologna 1968, p. 121-123.

[150] J. LECLERCQ, *Spiritualità del medioevo* 3/1, EDB, Bologna1969, pp. 195-204.

[151] G. ROCCA, *I Flagellanti*, in Jesus 1 (2000), pp. 82-89.

[152] E. STEIN, *Scientia Crucis*, Postulazione generale dei Carmelitani Scalzi, Ed. II, Roma 1982, pp. 305.307.

[153] PERSANDRP VANZAN, *Chiaroscuri nella vicenda della pastorella De La Salette*, In VP 8-9(2006), pp. 76-77.

[154] SUOR LUCIA, *Memorie,* Segretariodo Dos Pastorinhos, Fatima 1995.

[155] P. VANZAN, *Perché piangi Maria*? in riv. CivCatt. (2004) III, p. 505.

[156] G. SGREVA, *Le apparizioni della Madonna in Africa*, Shalom, Camerata Picena (An) 2002.

[157] S. DE FORES, *Un pianto per scuotere le coscienze addormentate*, in riv. VP, 10 (2005), pp. 107-110.

[158] Bolla, *Il Volto della misericordia*, n. 15.

[159] F. NIETZSCHE, *La gaia scienza*, Adelfi Ed., Milano 1997, n. 138, p. 136.

[160] FEDERICO G. NIESZCHE, *Così parlò Zaratustra*, Arnoldo Mondatori Ed. 1957, p. 104.

[161] Ivi, p. 79.

[162] Ivi, *La gaia scienza*, Ad elfi Ed., Milano 1979, n. 271, p. 158.

[163] BENEDETTO XVI, *Enciclica Caritas in Veritate* n.78.

[164] X. TILLIETTE, *Filosofi davanti a Cristo*, Ed. Queriniana, Brescia 1989, pp. 244-286; M. BIZZOTTO, *Il grido di Giobbe*, Ed. San Paolo, Cinisello Balsamo (MI) 1995, pp. 116-139.

[165] CARMINE DI SANTE, *La passione di Gesù*, Città Aperta Ed., Troina (EN), 2007, p. 276.

[166] BENEDETTO XVI, *Enciclica, Deus caritas est*, 31.

INDICE

Printed by Books on Demand GmbH, Norderstedt / Germany